Hau/Kurz

**Allgemeine Wirtschaftslehre
für Büroberufe**

- Lösungsheft -

... weil auf chlor- und säurefrei
gefertigtem Papier gedruckt

Sie finden uns im Internet unter: www.kiehl.de

Lehrbücher für
kaufmännische Ausbildungsberufe

Allgemeine Wirtschaftslehre für Büroberufe

Lösungsheft

Diplom-Handelslehrer
Studiendirektor
Werner Hau

Diplom-Handelslehrer
Diplom-Betriebswirt
Lothar Kurz

5., aktualisierte Auflage

Zur Herstellung dieses Buches wurde chlor- und säurefrei gefertigtes Papier verwendet. Auf diese Art leisten wir einen aktiven Beitrag zum Schutz unserer Umwelt.

ISBN 978-3-470-**51495**-6 · 5., aktualisierte Auflage 2007
© Friedrich Kiehl Verlag GmbH, Ludwigshafen (Rhein), 2000
Alle Rechte vorbehalten. Das Werk und seine Teile sind urheberrechtlich geschützt. Jede Nutzung in anderen als den gesetzlich zugelassenen Fällen bedarf der vorherigen schriftlichen Einwilligung des Verlages. Hinweis zu § 52 a UrhG: Weder das Werk noch seine Teile dürfen ohne eine solche Einwilligung eingescannt und in ein Netzwerk eingestellt werden. Dies gilt auch für Intranets von Schulen und sonstigen Bildungseinrichtungen.

Druck: Präzis-Druck, Karlsruhe – wa

Vorwort

Die Lösungshinweise und Lösungsvorschläge in diesem Lösungsheft beziehen sich auf die „Aufgaben zur Sicherung des Lernerfolgs", die sich an die jeweiligen Kapitel des Lehrbuchs „Allgemeine Wirtschaftslehre für Büroberufe", anschließen.

Die Seitenzahlen zu Beginn der Kapitel verweisen auf diejenigen Seiten, auf denen die Aufgaben in der 8., aktualisierten Auflage des Lehrbuchs zu finden sind.

Ludwigshafen, im Mai 2007

Werner Hau
Lothar Kurz

1. Die Berufsausbildung

Aufgaben, Lehrbuch Seiten 37 – 40

1. a) An einer Vollzeitschule findet der Unterricht an fünf oder sechs Tagen während der Woche statt (nicht zu verwechseln mit Blockunterricht während einer beruflichen Ausbildung). Dies trifft zu auf Realschulen, Gymnasien, Gesamtschulen, Fachoberschulen, Berufsfachschulen usw.

   b) Teilzeitschule = Berufsschule, da nur ein Teil der Zeit (1 oder 2 Tage) verwendet wird, um die Berufsschule zu besuchen.

   c)
   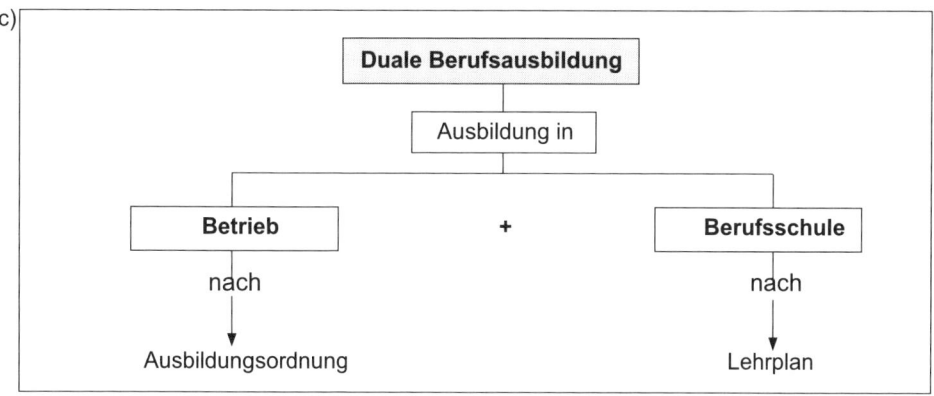

2.
Teil des Ausbildungsberufsbildes	Zu vermittelnde Fertigkeiten und Kenntnisse
Stellung des Ausbildungsbetriebes in der Gesamtwirtschaft	• Aufgaben und Stellung des Ausbildungsbetriebes im gesamtwirtschaftlichen Zusammenhang beschreiben • Art und Rechtsform des Ausbildungsbetriebes erläutern usw.
Berufsbildung	• rechtliche Vorschriften nennen • die Ausbildungsordnung mit dem betrieblichen Ausbildungsplan vergleichen • die Notwendigkeit weiterer beruflicher Qualifizierung begründen • wichtige berufliche Fortbildungsmöglichkeiten nennen sowie berufliche Aufstiegsmöglichkeiten beschreiben usw.
Arbeitssicherheit, Umweltschutz und rationelle Energieverwendung	• die Bedeutung von Arbeitssicherheit, Umweltschutz und rationeller Energieverwendung an Beispielen des Ausbildungsbetriebes beschreiben • betriebliche Einrichtungen für den Arbeitsschutz und die Unfallverhütung nennen • wichtige Vorschriften über Brandverhütung und Brandschutzeinrichtungen beachten usw.

Teil des Ausbildungsberufsbildes	Zu vermittelnde Fertigkeiten und Kenntnisse
Betriebliche Organisation und Funktionszusammenhänge	• Organisation des Ausbildungsbetriebes erläutern • Vollmachten, Weisungsbefugnisse und Unterschriftenregelung des Ausbildungsbetriebes beachten • die Erfassung, Verarbeitung und Verwendung von Informationen und Daten für das Zusammenwirken betrieblicher Funktionen erläutern usw.
Bürowirtschaftliche Abläufe	• Büromaterial verwalten • Posteingang bearbeiten, Postverteilung durchführen und Postausgang kostenbewusst bearbeiten • Dateien und Karteien führen • Termine planen und überwachen
Bürokommunikationstechniken	• unterschiedliche betriebliche Arbeitsaufgaben mithilfe von Bürokommunikationstechniken lösen • Fachliteratur, Dokumentation und andere Hilfsmittel nutzen • Vorschriften des Datenschutzes im Ausbildungsbetrieb einhalten usw.

3. Der Berufsausbildungsvertrag ist noch nicht rechtswirksam zu Stande gekommen, da die Eltern der minderjährigen Josephine den Vertrag noch nicht unterschrieben haben.

4. a) Die Probezeit ist im Berufsbildungsgesetz geregelt.

   b) Die Probezeit muss gemäß § 20 BBiG mindestens einen Monat und darf höchstens vier Monate betragen.

   c) Wenn der Arbeitgeber eine sechsmonatige Probezeit verlangt, so verstößt diese Regelung gegen § 20 BBiG. Gemäß § 134 BGB ist ein Rechtsgeschäft aber nichtig, wenn es gegen ein gesetzliches Verbot verstößt. Unterstellt man, dass der Berufsausbildungsvertrag ansonsten keinen Grund zu einer Beanstandung gibt, so verstößt nur der Teil „Probezeit" des Rechtsgeschäfts gegen das BBiG. In diesem Fall sagt das BGB, dass das gesamte Rechtsgeschäft nichtig ist, wenn ein Teil des Rechtsgeschäfts nichtig ist. Somit müsste man annehmen, dass der Berufsausbildungsvertrag nichtig wäre. Aufgrund einer richterlichen Entscheidung gilt in diesem arbeitsrechtlichen Fall jedoch, dass nur der Teil „Probezeit" des Rechtsgeschäfts nichtig ist, nicht jedoch das gesamte Rechtsgeschäft „Berufsausbildungsvertrag". Begründung: Benachteiligt wäre in diesem Fall dann nur die Auszubildende, die dann möglicherweise keinen Ausbildungsplatz mehr bekäme oder eben zu einem verspäteten Zeitpunkt.

   Unabhängig von der rechtlichen Bewertung des Sachverhalts muss bedacht werden, dass die Industrie- und Handelskammer als zuständige Stelle den Ausbildungsvertrag überprüft und in dem vorliegenden Fall eine Korrektur vornehmen, d. h. eine Probezeit von vier Monaten festlegen würde.

5. a) Bankkaufleute: Industrie- und Handelskammer
   b) Groß- und Außenhandelskaufleute: Industrie- und Handelskammer
   c) Rechtsanwaltsfachangestellte: Rechtsanwaltskammer
   d) Medizinische Fachangestellte: Ärztekammer

6. a) Grundsätzlich hat der Arbeitgeber den Jugendlichen für die Teilnahme am Berufsschulunterricht freizustellen. Er darf die Jugendlichen jedoch nicht beschäftigen, wenn der Unterricht

1. Die Berufsausbildung

vor 9 Uhr beginnt. Deshalb muss Angelika an diesem Mittwoch nicht vor Berufsschulbeginn in den Betrieb (§ 9 JArbSchG).

b) Gemäß Jugendarbeitsschutzgesetz gilt als Ruhepause eine Arbeitsunterbrechung von mindestens 15 Minuten. Wenn hier von Arbeitsunterbrechung die Rede ist, dann muss davon ausgegangen werden, dass die Arbeit auch tatsächlich begonnen wurde. Im vorliegenden Fall kann außerdem davon ausgegangen werden, dass die tägliche Arbeitszeit üblicherweise 8 Stunden beträgt. Deshalb müssen die Ruhepausen nach Beginn der Arbeit betragen:
1. 30 Minuten bei einer Arbeitszeit von mehr als viereinhalb bis zu sechs Stunden,
2. 60 Minuten bei einer Arbeitszeit von mehr als sechs Stunden (§ 11 JArbSchG).

Die Ruhepausen müssen außerdem in angemessener zeitlicher Lage gewährt werden, frühestens eine Stunde nach Beginn und spätestens eine Stunde vor Ende der Arbeitszeit. Länger als viereinhalb Stunden hintereinander dürfen Jugendliche nicht ohne Ruhepause beschäftigt werden.

c) Eine betragsmäßig gleich bleibende Ausbildungsvergütung während der dreijährigen Ausbildungszeit zu zahlen, ist nicht erlaubt. Der Ausbildende (der Arbeitgeber) hat dem Auszubildenden nämlich eine angemessene Vergütung so zu bezahlen, dass sie mit fortschreitender Berufsausbildung, mindestens jährlich, ansteigt (§ 17 BBiG).

7. a) Da Angelika zu Beginn des Kalenderjahres das 18. Lebensjahr noch nicht vollendet hat, hat sie einen Anspruch auf 25 Werktage Erholungsurlaub (§ 19 JArbSchG).

b) Im dritten Ausbildungsjahr hat Angelika das 18. Lebensjahr bereits vollendet. Für sie gilt dann im Hinblick auf die Gewährung von Erholungsurlaub das Jugendarbeitsschutzgesetz nicht mehr, sondern das Bundesurlaubsgesetz. Danach stehen ihr jährlich grundsätzlich maximal 24 Werktage Erholungsurlaub zu. Da sie am 25. Juni, d. h. noch in der ersten Hälfte des Jahres ausscheidet, erhält sie nur einen Teilurlaub. Dies bedeutet, dass sie einen Anspruch auf ein Zwölftel des Jahresurlaubs für jeden vollen Monat des Bestehens des Berufsausbildungsverhältnisses hat. Angelika kann deshalb im dritten Jahr der Berufsausbildung einen Anspruch auf Erholungsurlaub geltend machen, der sich wie folgt berechnet: 24 Werktage Mindesturlaub: 12 x 2 Werktage pro Monat, d. h. hier: 2 x 6 = 12 Werktage Erholungsurlaub. Würden sich bei der Berechnung Bruchteile ergeben, so wären sie auf volle Urlaubstage aufzurunden (§§ 3, 5 BUrlG).

8. Auf Pauls Situation in der Berufsausbildung ist grundsätzlich die gesetzliche Regelung des Bundesurlaubsgesetzes anzuwenden. Diese besagt, dass ihm mindestens 24 Werktage Erholungsurlaub zustehen. Der Arbeitgeber gewährt ihm aber im vorliegenden Beispiel sogar 25 Urlaubstage, jedoch keine Werktage, sondern Arbeitstage.

Als Werktage gelten alle Kalendertage, die nicht sonn- oder gesetzliche Feiertage sind, also auch Samstage. Da bei der vorliegenden Regelung der Erholungsurlaub in Arbeitstagen gemessen wird, wird der freie Samstag nicht eingerechnet, sodass die Festlegung der Urlaubstage in Arbeitstage günstiger als die in Werktage ist.

9. Auszubildende unterliegen nach Ablauf der Probezeit einem besonderen Kündigungsschutz. Dies bedeutet, dass ihnen der Arbeitgeber bis zum Ende ihrer Berufsausbildung grundsätzlich nicht ordentlich kündigen darf (§ 22 Abs. 2 BBiG).

10. a) Wegen (Aufgabe oder) Wechsel der Berufsausbildung ist vom Auszubildenden gemäß § 22 BBiG zu beachten, dass
   – eine vierwöchige Kündigungsfrist zu wahren ist
   – der Kündigungsgrund angegeben werden muss und
   – die Kündigung schriftlich zu erfolgen hat.

b) Der bisherige Arbeitgeber hat der Handwerkskammer als zuständiger Stelle mitzuteilen, dass das Ausbildungsverhältnis gelöst ist.

c) Der neue Arbeitgeber hat Ingo bei der Industrie- und Handelskammer anzumelden.

11. Eine fristlose Kündigung aus wichtigem Grund, wie z. B. Diebstahl, muss innerhalb von 14 Tagen seit Bekanntwerden des Grundes erfolgen. Diese Frist ist im vorliegenden Fall verstrichen. Also ist die Kündigung nichtig, d. h. rechtsunwirksam (§ 22 Abs. 4 BBiG).

12. Um Jugendliche vor körperlichen und psychischen Schäden zu bewahren, müssen ihnen im Voraus feststehende Ruhepausen von angemessener Dauer gewährt werden. Die Ruhepausen müssen bei einer Arbeitszeit von mehr als sechs Stunden Arbeit mindestens 60 Minuten betragen. Diese gesetzliche Rechtsnorm ist zwingend einzuhalten (§ 11 JArbSchG).

13. a) Erholungsurlaub → Bundesurlaubsgesetz und Jugendarbeitsschutzgesetz oder ein möglicherweise existierender Tarifvertrag

    Bildungsurlaub → Bildungsurlaubsgesetze (bzw. Weiterbildungsgesetze) einzelner Bundesländer

    Elternzeit → Bundeselterngeld- und Elternzeitgesetz

    b) - Erholungsurlaub soll im wahrsten Sinne des Wortes der Erholung dienen und deshalb möglichst zusammenhängend genommen werden.

    - Bildungsurlaub dient der Weiterbildung der Arbeitnehmer. Je nach länderspezifischem Bildungsurlaubsgesetz wird Auszubildenden im Allgemeinen die allgemeine und politische Weiterbildung ermöglicht. Die sonstigen Arbeitnehmer (Arbeiter und Angestellte) können im Allgemeinen zudem berufliche Weiterbildungsmaßnahmen zur Verbesserung und Erweiterung ihrer beruflichen Qualifikation wahrnehmen.

    - Elternzeit dient für die im Bundeselterngeld- und Elternzeitgesetz festgeschriebene Zeit zur Erziehung und Betreuung des neugeborenen Kindes.

    c) In Bayern gibt es kein Bildungsurlaubsgesetz. Deshalb können die in diesem Bundesland beschäftigten Arbeitnehmer diesen Urlaubsanspruch nicht wahrnehmen. Das in Hessen existierende Bildungsurlaubsgesetz erlaubt es Arbeitnehmern, vom Arbeitgeber zu verlangen, für bestimmte Bildungsurlaubsveranstaltungen bei anerkannten Trägern (wie Gewerkschaften) von der Arbeit freigestellt zu werden.

14. Wird der Auszubildende im Anschluss an das Berufsausbildungsverhältnis (weiter-)beschäftigt, ohne dass hierfür ausdrücklich etwas vereinbart worden ist, so gilt gemäß Berufsbildungsgesetz ein (Voll-) Arbeitsverhältnis auf unbestimmte Zeit als begründet, d. h. ein unbefristeter Arbeitsvertrag ist zu Stande gekommen (§ 24 BBiG). Allerdings hat der Arbeitgeber spätestens einen Monat nach dem vereinbarten Beginn des Arbeitsverhältnisses die wesentlichen Vertragsbedingungen schriftlich niederzulegen, die Niederschrift zu unterzeichnen und dem Arbeitnehmer, hier Johannes, auszuhändigen. In die Niederschrift sind mindestens die 10 im Nachweisgesetz aufgeführten Punkte aufzunehmen (§ 2 NachwG). „Die **Niederschrift** hat im Übrigen keine konstitutive Wirkung, sondern ausschließlich deklaratorischen Charakter". Dies bedeutet, dass der Arbeitsvertrag mit seinen vereinbarten Arbeitsbedingungen auch ohne Niederschrift gültig ist.[1]

15. a) In einem qualifizierten Zeugnis sind neben den Punkten des einfachen Zeugnisses (Art der Ausbildung, Dauer der Ausbildung, Ziel der Ausbildung sowie über die erworbenen berufli-

---

[1] Vgl. BT-Drucksache 12/7630, a.a.O. S. 10 und Werner Hau, Grundlagen der Rechtslehre, 7., aktualisierte und erweiterte Auflage 2006, Seite 200

chen Fertigkeiten, Kenntnisse und Fähigkeiten) auch Aussagen enthalten über Verhalten und Leistung. Im Übrigen ist die Erteilung der Zeugnisse in elektronischer Form ausgeschlossen (§ 16 BBiG).

b) Auf Verlangen von Renate muss der Arbeitgeber ihr gemäß Berufsbildungsgesetz ein qualifiziertes Zeugnis ausstellen (§ 16 Abs. 2 Satz 2 BBiG).

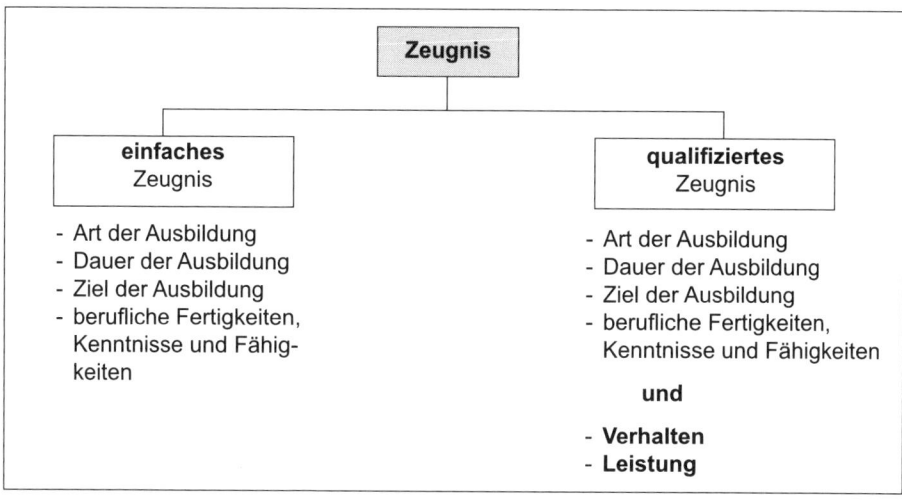

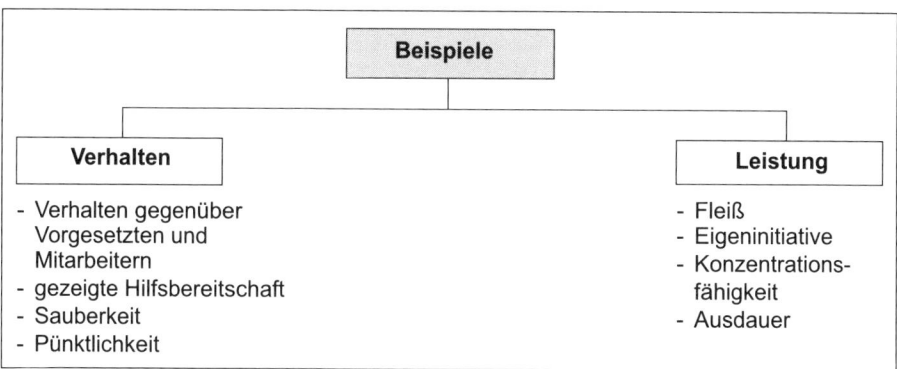

16. a) Es handelt sich um den Anspruch, in einem qualifizierten Zeugnis die besondere Leistung ausgewiesen zu bekommen, dass Swen in der Vertriebsabteilung des Unternehmens organisatorische Maßnahmen durchgeführt hat, die dazu geführt haben, dass der Vertriebsweg so effektiver gestaltet werden konnte.

b) Im Arbeitsgerichtsgesetz ist die Zuständigkeit für arbeitsrechtliche Sachen geregelt.

c) Örtlich ist das Gericht zuständig, an dem der Beklagte seinen Wohnsitz hat, also Wiesbaden.

d) Da es im vorliegenden Fall um eine bürgerrechtliche Streitigkeit zwischen einem Arbeitgeber und einem Arbeitnehmer handelt, ist im Urteilsverfahren zu entscheiden. Allerdings wird dem eigentlichen Verfahren noch eine Güteverhandlung vorgeschoben, in der in den meisten aller Fälle die Angelegenheit beigelegt wird (§§ 2, 46, 54 ArbGG).

e) Neben dem Urteilsverfahren sieht das Arbeitsgerichtsgesetz das Beschlussverfahren vor. Hier werden u. a. Angelegenheiten verhandelt, die z. B. die Wahl des Betriebsrats oder die Rechtmäßigkeit von Tarifverträgen betreffen (§§ 2a, 80 ArbGG).

f) Wenn Swen das Urteil des Gerichts in Arbeitsangelegenheiten, das in erster Instanz tätig wurde, nicht akzeptiert, so hat er die Möglichkeit beim Landesarbeitsgericht das Rechtsmittel Berufung einzulegen. Ist er auch mit der Entscheidung dieses Gerichts in zweiter Instanz nicht einverstanden, so kann er in dritter Instanz beim Bundesarbeitsgericht in Erfurt Revision einlegen (siehe § 46 ff. ArbGG).

2. Grundlagen des Wirtschaftens

Aufgaben, Lehrbuch Seiten 101 – 106

1. In unserer modernen Gesellschaft mit steigenden Anforderungen in der Arbeitswelt ist eine qualifizierte Ausbildung ein *Kulturbedürfnis*.

2. Individuelle Lösung.

3. – *Alter:* Jugendliche kleiden sich anders oder hören andere Musik als Senioren.
   – *Geschlecht:* Mädchen und Frauen benutzen andere Kosmetika als Jungen und Männer.
   – *Klima:* Bewohner der Alpenländer benötigen im Winter andere Kleidung als Afrikaner.
   – *Erziehung:* Heutige Teenager haben ein anderes Freizeitverhalten als ihre Großeltern.
   – *Einkommen:* Azubis bevorzugen in der Regel andere Restaurants als Topmanager.

4. – *Individualbedürfnisse* werden befriedigt durch: Eigenheim, Swimmingpool im Garten, Personalcomputer, Privatflugzeug
   – *Kollektivbedürfnisse* werden befriedigt durch: Unterricht in der Berufsschule, öffentliches Freibad, Eisenbahnbrücke, Krankenhaus.

5. a) *Minimalprinzip*   c) *Minimalprinzip*
   b) *Maximalprinzip*   d) *Maximalprinzip*

6. Epikur unterstellt, dass ein Mensch reich ist, wenn er zufrieden ist. Er versteht Reichtum also im Sinne von Zufriedenheit. Zufrieden ist ein Mensch dann, wenn möglichst viele seiner Bedürfnisse befriedigt sind. Da Menschen mit ihren begrenzten Mitteln immer nur einen Teil ihrer nahezu unbegrenzten Bedürfnisse durch Güter und Dienstleistungen befriedigen können, erhöht sich der Grad der Zufriedenheit, wenn die Bedürfnisse reduziert werden.

7.

Güter	materielles Gut	immaterielles Gut	Sachgut	Dienstleistung	Konsumgut	Produktionsgut
Abendkleid	X		X		X	
LKW eines Bauunternehmers	X		X			X
PKW einer Hausfrau	X		X		X	
Videorekorder im Einfamilienhaus	X		X		X	
Vertretung eines Unternehmers durch einen Rechtsanwalt		X		X		X
Beratung einer Privatperson durch einen Steuerberater		X		X	X	
Nutzung einer Wohnung für private Zwecke gemäß Mietvertrag		X		X	X	

8. a) Ein PKW kann sowohl ein Konsumgut, als auch ein Investitionsgut sein. Es kommt auf seine Verwendung an. Als Fahrzeug einer Privatperson ist er ein Konsumgut, als Firmenfahrzeug, das zur betrieblichen Leistungserstellung dient, ist er ein Investitionsgut.

   b) Güter, die nicht unbegrenzt zur Verfügung stehen (freie Güter) und einen Preis haben, sind knappe Güter. Dies gilt auch für PKWs.

9. Freie Güter sind solche Güter, die unbegrenzt und kostenlos zur Verfügung stehen. Dies gilt unter normalen Umständen sowohl für das Sonnenlicht als auch für die Luft in unserer Atmosphäre. Wenn stark verschmutzte Luft, z. B. in einer Produktionshalle, durch Filteranlagen gereinigt werden muss, verursacht die Reinigung Kosten und die Frischluft hat somit einen Preis (in Höhe der verursachten Kosten). Sie wird somit zum knappen, wirtschaftlichen Gut.

10. Ursprünglich wurden Güter fast ausschließlich manuell oder mit wenigen Werkzeugen gefertigt. Der Faktor Arbeit herrschte eindeutig vor. Später wurde menschliche Arbeit durch Maschinen (Faktor Kapital) ersetzt. Dieser Prozess setzte sich mit der Einführung von Fließbändern und kompletten Produktionsstraßen fort. Bei der vollautomatischen Fertigung (z. B. von Microchips) wurde der Faktor Arbeit fast vollständig durch den Faktor Kapital substituiert.

11. Individuelle Antwort

12. *Beispiel:* Ersatz von Schreibkräften durch Einsatz elektronischer Textverarbeitungssysteme und Produktion von Serienbriefen mit Datenbanken und Textverarbeitungssoftware.

13. Die günstigste Kombination ist D

Faktorkombination	Kosten Arbeit	Kosten Maschine	Gesamtkosten
A	20 Std. · 20 € = 400 €	30 Std. · 45 € = 1.350 €	1.750 €
B	40 Std. · 20 € = 800 €	20 Std. · 45 € = 900 €	1.700 €
C	50 Std. · 20 € = 1.000 €	16 Std. · 45 € = 720 €	1.720 €
D	60 Std. · 20 € = 1.200 €	10 Std. · 45 € = 450 €	**1.650 €**
E	80 Std. · 20 € = 1.600 €	6 Std. · 45 € = 270 €	1.870 €

14. a) Die Atmosphäre schützt die Erde wie das Glas eines Treibhauses vor Auskühlung. Sie lässt die von der Sonne kommenden Wärmestrahlen durch. In der Atmosphäre enthaltener Wasserdampf und Gase wie Kohlendioxid oder Methan speichern einen Teil der Wärme, die von der Erde ins Weltall abgegeben wird und sorgen so für ein ausgewogenes Klima. Werden z. B. durch Luftverschmutzung immer mehr Abgase an die Atmosphäre abgegeben, hält die Erdatmosphäre mehr Wärme zurück und die Temperatur auf der Erde steigt wie in einem Treibhaus an.

    b) Ursachen sind die zusätzliche Freisetzung von Gasen (Kohlendioxid, FCKW, Methan, Ozon) durch Industrieanlagen, Autoverkehr, Brandrodungen oder chemische Prozesse.

    c) Individuelle Antwort.
    Beispiel: Filteranlagen in der Industrie, Reduktion der fossilen Energieträger (Öl, Gas), Einsatz alternativer Energiequellen (Solarenergie, Wind, Wasserkraft), Verlagerung des Schwerlastverkehrs von der Straße auf die Schiene, umweltverträglichere Motoren, Reduktion beim CO_2-Ausstoß u. a.

2. Grundlagen des Wirtschaftens

15.

Vorteile der Arbeitsteilung	Nachteile der Arbeitsteilung
Arbeitsteilung ermöglicht Massenproduktion	Monotonie wiederkehrender Arbeiten
Arbeitsteilung senkt die Produktionskosten	Entfremdung vom Arbeitsergebnis
Arbeitsteilung vereinfacht Arbeitsgänge	Sinkende Motivation, fehlende Identifikation
Arbeitsteilung erhöht die Produktivität	Einseitige Belastung (Gesundheitsgefährdung)
Arbeitsteilung verkürzt Arbeitszeit	Immobilität der spezialisierten Arbeitskräfte
Arbeitsteilung ermöglicht steigende Einkommen	Arbeitsteilung in der Fertigung sehr kapitalintensiv
Arbeitsteilung steigert den Lebensstandard	

16. (1) = Faktorangebot
    (2) = Faktorentgelt
    (3) = Güterentgelt
    (4) = Güterangebot
    (5) = Unternehmen
    (6) = Haushalte

17.

Marktform	Anbieter	Nachfrager
Angebotsoligopol	Zigarettenhersteller	Raucher
Angebotsoligopol	Anbieter von Fotoapparaten in einer Kleinstadt	Fotoamateure
Angebotsoligopol	Erfinder der kalorienfreien Sahnetorte	Kalorienbewusste Kuchenliebhaber
Polypol	Restaurants in Berlin	Private Konsumenten
Angebotsoligopol	KFZ-Versicherer	KFZ-Halter

18. a)

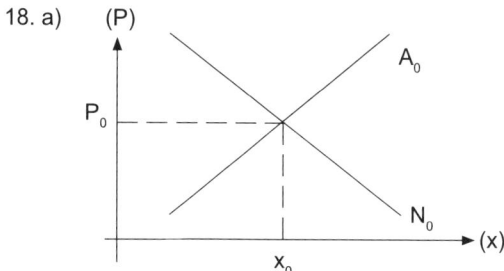

b) + c)

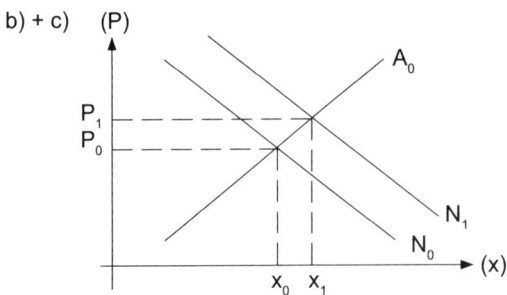

d) + e)

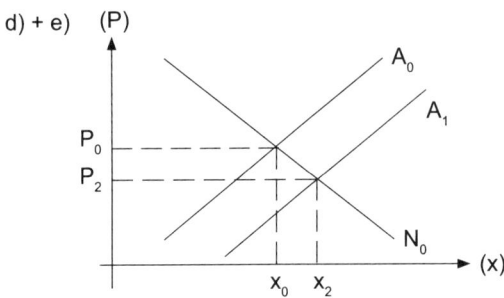

19. a) und b)

Kurs in € pro Stück	Nachfrage in 1.000 Stück	Angebot in 1.000 Stück	Möglicher Umsatz in 1.000 Stück
270	152	50	50
271	140	50	50
272	140	65	65
273	**120**	**120**	**120**
274	90	135	90
275	70	146	70
276	40	146	40
277	35	148	35

c) Es wird sich der Gleichgewichtskurs von 273,– €/Stück einstellen.

d) + e)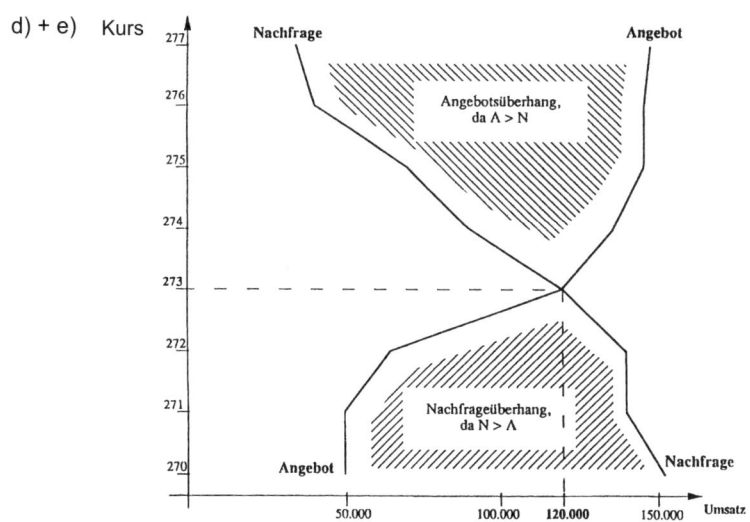

20. – Homogenität der Güter: Die gehandelten Wertpapiere einer Gattung unterscheiden sich nicht.
    – Punktmarkt: Das Angebot und die Nachfrage treffen gleichzeitig zu den Handelszeiten an der Börse aufeinander.
    – Markttransparenz: Die dauernde Bekanntgabe der Marktsituation durch Makler oder über den PC führt zur vollständigen Marktübersicht.
    – Schnelle Reaktionsfähigkeit: Käufer und Verkäufer von Wertpapieren können während der Handelszeit andauernd und sofort kaufen oder verkaufen.
    – Keine Präferenzen: Keine unterschiedlichen Lieferzeiten, keine persönliche Bevorzugung von Händlern, absolut gleichartige Produkte.

21. a) Keine persönlichen Präferenzen
    b) Schnelle Reaktionsfähigkeit
    c) Keine räumlichen Präferenzen
    d) Völlige Markttransparenz

22. a)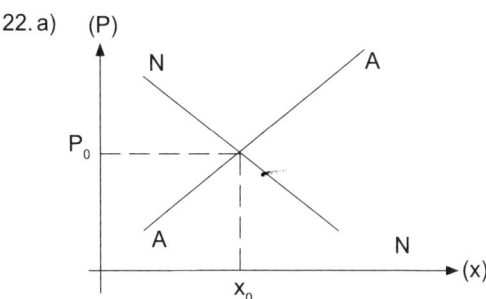

b) Die Behauptung ist richtig, da beim Gleichgewichtspreis Angebot und Nachfrage genau gleich groß sind, also gibt es auf keiner Marktseite einen Überschuss oder ein Defizit.

c) Liegt der Preis über dem Gleichgewichtspreis, so ist die Nachfrage geringer als beim Gleichgewichtspreis. Liegt der Preis unter dem Gleichgewichtspreis, so ist das Angebot geringer als beim Gleichgewichtspreis. Die Marktseite mit der kleineren Menge bestimmt aber, wie viel gehandelt werden kann, also gibt es keinen Preis, bei dem eine größere Menge umgesetzt wird als beim Gleichgewichtspreis.

3. Der betriebliche Leistungsprozess

Aufgaben, Lehrbuch Seite 125 – 126

1. Richtige Zuordnung:

   - *Rohstoffgewinnungsbetriebe:* Braunkohlezeche „Auguste Victoria"; Oberrheinische Rohölraffinerie
   - *Investitionsgüterbetriebe:* Heidelberger Druckmaschinenfabrik; Neptunwerft Rostock
   - *Konsumgüterbetriebe:* Spielwarenfabrik Brandstetter; Schuhfabrik Salamander
   - *Dienstleistungsbetriebe:* Stadtsparkasse Neustadt; „Real" Verbrauchermarkt; Werbeagentur Lintas; United Parcel Service.

2. Individuelle Lösung

3. a) Organisationstyp 1: Fließfertigung
   Organisationstyp 2: Werkstattfertigung

   b) Bei der **Werkstattfertigung** erfolgt eine räumliche Zusammenfassung aller Maschinen, maschinellen Anlagen und Arbeitsplätze mit gleichartiger Arbeitsverrichtung in einer Werkstatt.
   Beispiel: Bohrerei, Stanzerei, Lackiererei.

   Der Fertigungsablauf wird vom Standort der Maschinen und Arbeitsplätze bestimmt. Diese Fertigungsorganisation findet überwiegend bei Einzelfertigung und Kleinserienfertigung Anwendung.

   - **Vorteile:** Hoher Spezialisierungsgrad, hohe Anpassungsfähigkeit von unterschiedlichen Fertigungsaufgaben, geringe Störanfälligkeit des Fertigungsablaufs.

   - **Nachteile:** Erhebliche Transportzeiten, hohe Transportkosten, Erfordernis von Zwischenlägern, geringe Transparenz der Fertigung.

   Bei der **Fließfertigung** werden Maschinen und Arbeitsplätze räumlich nach dem Fertigungsablauf angeordnet. Die Transportwege in der Fertigung werden dadurch minimal.

   - **Vorteile:** Kurze Durchlaufzeiten, Übersichtlichkeit der Fertigung, Minimierung der Transportzeiten, Minimierung der Transportkosten.

   - **Nachteile:** Geringe Anpassungsfähigkeit an wechselnde Fertigungsaufgaben, psychologische Probleme im Mitarbeiterbereich, erhebliche Störanfälligkeit.

4. a) 2   e) 1
   b) 3   f) 1
   c) 3   g) 3
   d) 1   h) 1

4. Rechtliche Grundlagen im Wirtschaftsprozess

Aufgaben, Lehrbuch Seiten 166 – 169

1.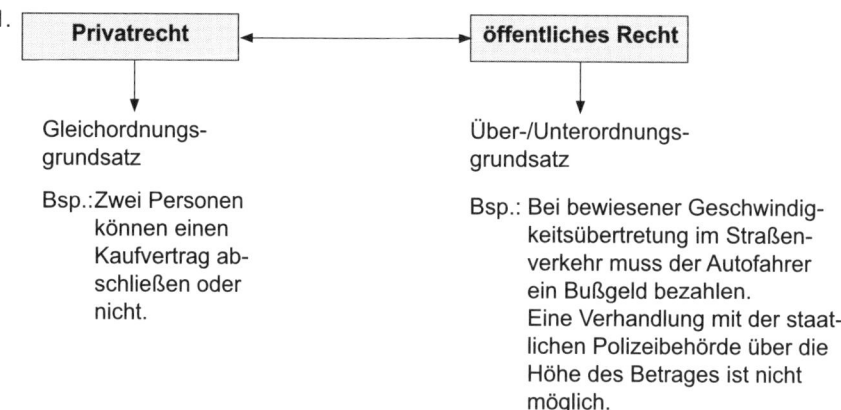

2. Ein Hase ist ein Tier. Ein Tier ist zwar keine Sache, aber auch ein Rechtsobjekt (§ 90 a BGB).

   Rechtsobjekte besitzen im Gegensatz zu den Rechtssubjekten keine Rechtsfähigkeit, sind also keine Träger von Rechten (z. B. Namensrecht, § 12 BGB) und Pflichten (z. B. Steuerzahlungspflicht gemäß Einkommensteuergesetz).

   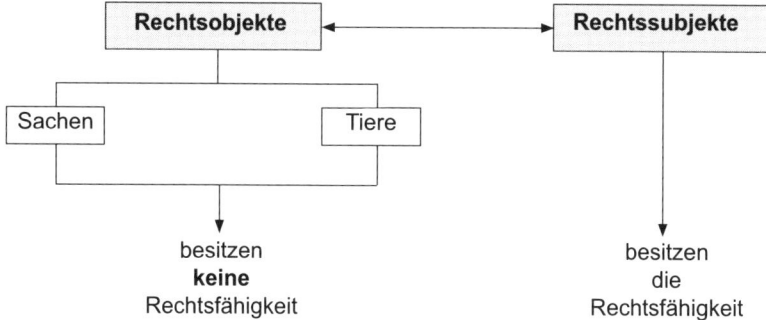

3. a) Es handelt sich um eine Körperschaft. Dies ist eine juristische Person des öffentlichen Rechts.

   b) Neben Körperschaften gibt es noch weitere juristische Personen des öffentlichen Rechts. Dies sind Anstalten und Stiftungen.

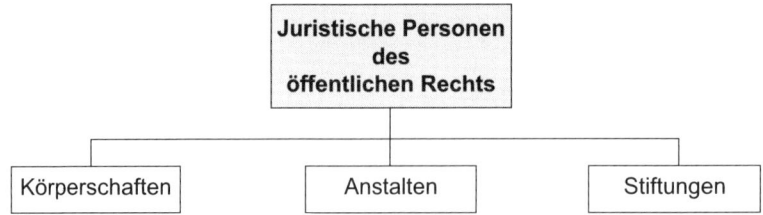

c) Aktiengesellschaften erlangen die Rechtsfähigkeit durch Eintragung im Handelsregister, während juristische Personen des öffentlichen Rechts sie durch staatlichen Akt erlangen.

4. a) GmbH   ⇨ Eintragung in Abteilung B des Handelsregisters

 b) Rundfunkanstalt des öffentlichen Rechts   ⇨ Staatlicher Akt (öffentlich-rechtliche Anerkennung)

 c) Neu geborenes Kind   ⇨ Vollendung der Geburt

 d) Verein   ⇨ Eintragung im Vereinsregister

 e) Ärztekammer   ⇨ = Körperschaft des öffentl. Rechts, deshalb staatlicher Akt

5. Die Rechtsfähigkeit einer Genossenschaft endet durch Löschung im Genossenschaftsregister.

6. Jens hat das siebente Lebensjahr noch nicht vollendet. Deshalb ist er gemäß § 828 BGB deliktsunfähig. Eine deliktsunfähige Person ist für einen Schaden, den sie einem anderen zugefügt hat, nicht verantwortlich.

7. a) Seit der Vollendung ihrer Geburt ist Monika gemäß § 1 BGB rechtsfähig.

 b) Eine Ehe soll gemäß § 1303 BGB [Ehemündigkeit] nicht vor Eintritt der Volljährigkeit eingegangen werden. Das Familiengericht kann jedoch auf Antrag von dieser Vorschrift Befreiung erteilen, wenn der Antragsteller das 16. Lebensjahr vollendet hat und sein künftiger Ehegatte volljährig ist. Da der Freund Monikas bereits 20 Jahre alt ist, besteht also grundsätzlich die Möglichkeit der Heirat.

8. a) Der 14-jährige Tom ist minderjährig. Minderjährige bedürfen zu einer Willenserklärung grundsätzlich der Einwilligung eines gesetzlichen Vertreters. 25.000,- € übersteigen jedoch den üblichen Betrag eines Taschengeldes gemäß Taschengeldparagraph. Deshalb kann Tom kein Motorrad kaufen (§§ 107, 110 BGB).

 b) Gemäß § 110 BGB muss ein von einem Minderjährigen abgeschlossener Vertrag mit Mitteln bewirkt werden, d. h. Barzahlung ist erforderlich. Anders formuliert entsteht daraus die rechtliche Konsequenz, dass Minderjährige, wie Tom, grundsätzlich keine Ratenlieferungskäufe (§ 505 BGB) tätigen dürfen.

 c) Der Kauf einer Jugendzeitung für 1,80 € ist gemäß § 110 BGB erlaubt, da es sich um die Verwendung von Taschengeld handelt.

4. Rechtliche Grundlagen im Wirtschaftsprozess

9. a) Im vorliegenden Fall handelt es sich um den Kauf einer Immobilie. Der Kaufvertrag ist wegen Formmangels nichtig. Der Vertragsabschluss bedarf der notariellen Beurkundung (§§ 128, 873 BGB).

b)
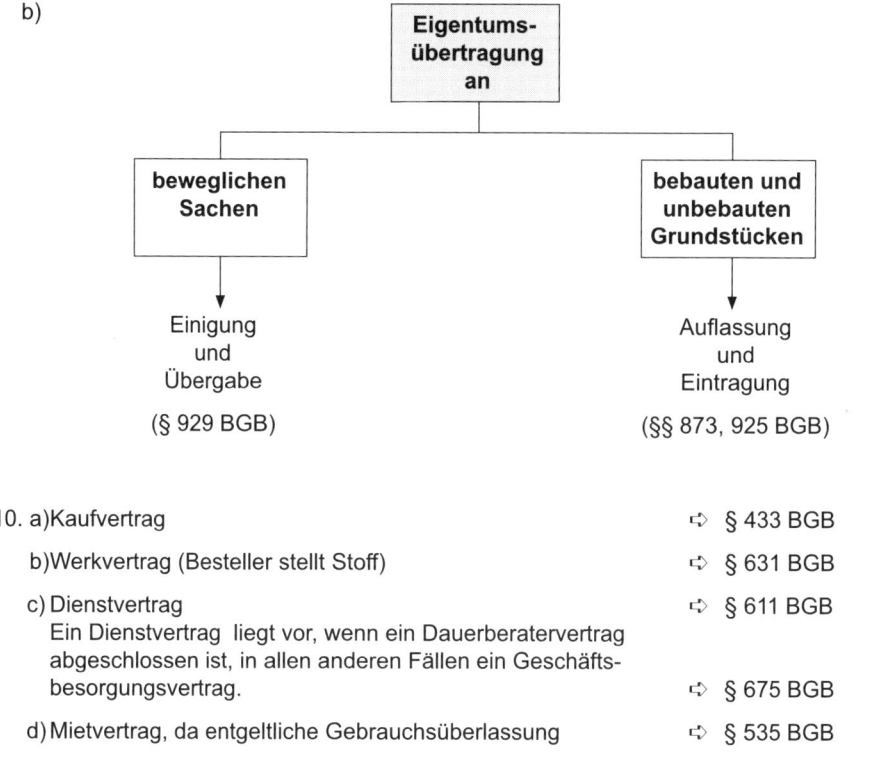

10. a) Kaufvertrag ⇨ § 433 BGB

b) Werkvertrag (Besteller stellt Stoff) ⇨ § 631 BGB

c) Dienstvertrag ⇨ § 611 BGB
Ein Dienstvertrag liegt vor, wenn ein Dauerberatervertrag abgeschlossen ist, in allen anderen Fällen ein Geschäftsbesorgungsvertrag. ⇨ § 675 BGB

d) Mietvertrag, da entgeltliche Gebrauchsüberlassung ⇨ § 535 BGB

11. Es handelt sich um einen Ratenlieferungsvertrag. Beim Abschluss eines solchen Vertrages wird die auf den Abschluss dieses Vertrages gerichtete Willenserklärung des Verbrauchers gemäß BGB aber erst wirksam, wenn sie nicht binnen einer Frist von zwei Wochen schriftlich widerrufen wird. Herr Wurm kann also von dem ursprünglich unterschriebenen Ratenlieferungsvertrag zurücktreten (§§ 355, 505 BGB).

12. Renate kann gemäß § 110 BGB keinen Ratenlieferungsvertrag rechtswirksam abschließen, da sie gemäß § 106 BGB beschränkt geschäftsfähig ist.

13. a) Es handelt sich dabei um die **Verordnung über Informationspflichten nach bürgerlichem Recht (BGB-InfoV)**. – Schauen Sie in Ihre Gesetzessammlung!

b) Im Rahmen des Fernabsatzgesetzes handelt es sich um eine Umsetzung einer europäischen Richtlinie in nationales Recht, konkret um die „e-commerce-Richtlinie".

c) Harald Daller kann via Internet zwar Lebensmittel einkaufen. Er kann von dem abgeschlossenen Verpflichtungsgeschäft aber nicht zurücktreten, da er in Mainz wohnt und das Unternehmen seinen Sitz ebenfalls in Mainz hat. Begründung: Das Fernabsatzgesetz findet u. a. keine Anwendung auf Verträge über die Lieferung von Lebensmitteln, Getränken und sonstigen

Haushaltsgegenständen, die am Wohnsitz, am Aufenthaltsort oder am Arbeitsplatz eines Verbrauchers von Unternehmen im Rahmen häufiger und regelmäßiger Fahrten geliefert werden (§ 312 b BGB).

d) Die Lehrerin Sabine Kühn kauft für private Zwecke eine exklusive Couchgarnitur. Diese kann sich zum einen nicht jeder leisten und man kann auch nicht behaupten, dass es sich bei dieser Ware um einen Haushaltsgegenstand des täglichen Bedarfs handelt. Deshalb kann Frau Kühn ihr Widerrufsrecht gemäß § 355 BGB geltend machen.

---

§ 355 [Widerrufsrecht bei Verbraucherverträgen]

(1) Wird einem Verbraucher durch Gesetz ein Widerrufsrecht nach dieser Vorschrift eingeräumt, so ist er an seine auf den Abschluss des Vertrags gerichtete **Willenserklärung** nicht mehr gebunden, wenn er sie **fristgerecht widerrufen** hat. Der Widerruf muss keine Begründung enthalten und ist in **Textform** oder durch **Rücksendung** der Sache **innerhalb von zwei Wochen** gegenüber dem Unternehmer zu erklären; zur Fristwahrung genügt die rechtzeitige Absendung.

(2) Die Frist beginnt mit dem Zeitpunkt, zu dem dem Verbraucher eine deutlich gestaltete **Belehrung über** sein **Widerrufsrecht**, die ihm entsprechend den Erfordernissen des eingesetzten Kommunikationsmittels seine Rechte deutlich macht, in **Textform** mitgeteilt worden ist, die auch Namen und Anschrift desjenigen, gegenüber dem der Widerruf zu erklären ist, und einen Hinweis auf den Fristbeginn und die Regelung des Absatzes 1 Satz 2 enthält. Sie ist **vom Verbraucher** bei anderen als notariell beurkundeten Verträgen **gesondert zu unterschreiben** oder mit einer **qualifizierten elektronischen Signatur** zu versehen. Ist der Vertrag schriftlich abzuschließen, so beginnt die Frist nicht zu laufen, bevor dem Verbraucher auch eine Vertragsurkunde, der schriftliche Antrag des Verbrauchers oder eine Abschrift der Vertragsurkunde oder des Antrags zur Verfügung gestellt werden. Ist der Fristbeginn streitig, so trifft die Beweislast den Unternehmer.

(3) Das **Widerrufsrecht erlischt spätestens sechs Monate nach Vertragsschluss**. Bei der Lieferung von Waren beginnt die Frist nicht vor dem Tage ihres Eingangs beim Empfänger.

---

14. a) Die gesetzlichen Regelungen hinsichtlich der Fernabsatzverträge sind geschaffen, um den Verbraucher schützen zu können. Da der Geschäftsführer die Kapitalgesellschaft vertritt, ist er nicht als Verbraucher zu betrachten. Deshalb sind die gesetzlichen Regelungen, die Fernabsatzgeschäfte betreffen, nicht anzuwenden.

b) Die im BGB enthaltenen Rechtsnormen, die Fernabsatzverträge regeln, sind auch auf diesen Fall nicht anzuwenden, weil der Verbraucher kein Fernkommunikationsmittel eingesetzt hat, um den Steuerberater zu kontaktieren und sich beraten zu lassen.

c) • Gegenstand des Fernabsatzvertrages können Dienst-, Werk- und Geschäftsbesorgungsverträge sein. (§ 312 b BGB).

• Der Vertrag wurde mit einem Fernkommunikationsmittel, d. h. mit einer E-Mail, angebahnt (§ 312 b, Abs. 2 BGB).

• Der Rechtsanwalt ist eine natürliche Person und Unternehmer gemäß § 14 BGB, da er einer selbstständigen beruflichen Tätigkeit nachgeht.

4. Rechtliche Grundlagen im Wirtschaftsprozess

Aus den ersten drei Punkten lässt sich schlussfolgern, dass die Rechtsnormen, die bei Fernabsatzverträgen gelten, anzuwenden sind. Dazu gehört u. a. § 312 e BGB „Unterrichtung des Verbrauchers bei Fernabsatzverträgen" und die „Verordnung über Informationspflichten nach bürgerlichem Gesetzbuch".

In diesem Fall hat der Rechtsanwalt allerdings die Möglichkeit, sich schon bei Vertragsschluss die Zustimmung geben zu lassen, dass er bereits vor Ablauf der Widerrufsfrist mit der Ausführung der Dienstleistung beginnt. Ansonsten besteht die Gefahr, dass der Rechtsanwalt bereits tätig wird und der Mandant den Vertrag widerruft (§ 312 d, Abs. 3 BGB).

> **§ 14 [Unternehmer]**
>
> (1) Unternehmer ist eine natürliche oder juristische Person oder eine rechtsfähige Personengesellschaft, die bei Abschluss eines Rechtsgeschäfts in Ausübung ihrer gewerblichen oder selbstständigen beruflichen Tätigkeit handelt.
>
> (2) Eine rechtsfähige Personengesellschaft ist eine Personengesellschaft, die mit der Fähigkeit ausgestattet ist, Rechte zu erwerben und Verbindlichkeiten einzugehen.

Bei der Frage, wer Unternehmer ist, können Probleme auftreten. Aus diesem Grund lohnt es sich, den Kommentar zum BGB zu Rate zu ziehen. Wer deshalb z. B. in den Palandt schaut, wird erfahren, dass zu den Unternehmern auch Freiberufler (Rechtsanwälte, Architekten, Ärzte usw.), Handwerker, Landwirte und Kleingewerbetreibende gehören, die nicht im Handelsregister eingetragen sind. Auf die Absicht einer Gewinnerzielung kommt es nicht an. Deshalb fallen unter den Unternehmerbegriff auch Einrichtungen des öffentlichen Rechts, wie z. B. Schwimmbäder, die gegen ein Entgelt Leistungen für den Bürger erbringen.

15. a) Oliver hat deshalb zwei Mal unterschrieben, weil er zum einen den Kaufvertrag unterzeichnet hat und zum anderen die Belehrung über das Widerrufsrecht (§ 355, Abs. 2 BGB).

> **§ 312 BGB [Widerrufsrecht bei Haustürgeschäften]**
>
> (1) Bei einem Vertrag zwischen einem Unternehmer und einem Verbraucher, der eine entgeltliche Leistung zum Gegenstand hat und zu dessen Abschluss der Verbraucher
>
> 1. durch **mündliche Verhandlungen an** seinem **Arbeitsplatz** oder im Bereich der **Privatwohnung**,
> 2. anlässlich einer vom Unternehmer oder von einem Dritten zumindest auch im Interesse des Unternehmers durchgeführten **Freizeitveranstaltung** oder
> 3. im Anschluss an ein überraschendes **Ansprechen in Verkehrsmitteln** oder im **Bereich öffentlich zugänglicher Verkehrsflächen**
>
> bestimmt worden ist (Haustürgeschäft), steht dem Verbraucher ein **Widerrufsrecht** gemäß **§ 355** zu. Dem Verbraucher kann an Stelle des Widerrufsrechts ein **Rückgaberecht** nach § 356 eingeräumt werden, wenn zwischen dem Verbraucher und dem Unternehmer im Zusammenhang mit diesem oder einem späteren Geschäft auch eine ständige Verbindung aufrechterhalten werden soll.
>
> (2) Die erforderliche Belehrung über das Widerrufs- oder Rückgaberecht muss auf die Rechtsfolgen des § 357 Abs. 1 und 3 hinweisen.

b) Da es sich um ein so genanntes Haustürgeschäft handelt, kann er sein Widerrufsrecht geltend machen und innerhalb von zwei Wochen widerrufen (§ 355 BGB).

c) In diesem Fall hat der Verbraucher die Möglichkeit, zu versuchen, gesetzlich garantierte Ansprüche gerichtlich durchzusetzen. Gemäß § 29 c Zivilprozessordnung ist dem Verkäufer von dem Gesetzgeber ein ausschließlicher Gerichtsstand eingeräumt worden. Dies bedeutet, dass jeder andere allgemeine[1], besondere[2] oder vereinbarte Gerichtsstand ausgeschlossen ist. Oliver wird also in Saarbrücken, an seinem Wohnsitz, Klage erheben können, selbst wenn der Unternehmer, mit dem das Haustürgeschäft abgeschlossen wurde, in Mainz seinen Hauptsitz hat. (§ 29 c BGB).

> **§ 29 c [Besonderer Gerichtsstand für Haustürgeschäfte]**
>
> (1) Für Klagen aus Haustürgeschäften (§ 312 des Bürgerlichen Gesetzbuchs) ist das Gericht zuständig, in dessen Bezirk der Verbraucher zur Zeit der Klageerhebung seinen Wohnsitz, in Ermangelung eines solchen seinen gewöhnlichen Aufenthalt hat. Für Klagen gegen den Verbraucher ist dieses Gericht ausschließlich zuständig.

16. a) Es handelt sich im vorliegenden Fall um ein so genanntes Haustürgeschäft. Deshalb steht dem Verbraucher gemäß § 312 BGB ein Widerrufsrecht zu. Wird einem Verbraucher ein Widerrufsrecht eingeräumt, so ist er an seine auf den Abschluss des Vertrags gerichtete Willenserklärung nicht mehr gebunden, wenn er sie fristgerecht widerrufen hat. Der Widerruf muss keine Begründung enthalten und ist in Textform oder durch Rücksendung der Sache innerhalb von zwei Wochen gegenüber dem Unternehmer zu erklären; zur Fristwahrung genügt die rechtzeitige Absendung.

    Das Widerrufsrecht erlischt spätestens sechs Monate nach Vertragsschluss. Bei der Lieferung von Waren beginnt die Frist jedoch nicht vor dem Tag ihres Eingangs beim Empfänger (§ 355 Abs. 2 BGB).

    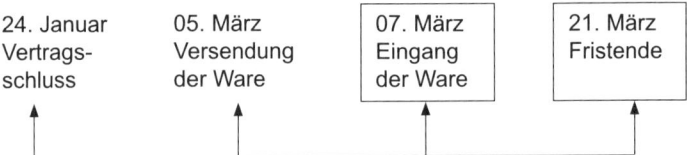

    Die Frist beginnt erst am Tag des Eingangs der Ware, hier also am 07. März. Gemäß § 187 BGB wird der Tag, in dessen Lauf das für den Fristbeginn maßgebende Ereignis (hier der Eingang der Ware) fällt, nicht mitgezählt. Da es sich um eine Zweiwochenfrist handelt, endet sie mit Ablauf des 21. März.

    b) Sollte der 21. März ein Sonntag, ein Feiertag oder ein Samstag sein, so tritt an die Stelle eines solchen Tages der nächste Werktag (§ 193 BGB). Im konkreten Fall ist die Frist am 22. März beendet, sofern der Montag ein Werktag ist.

---

[1] Allgemeiner Gerichtsstand: Er wird durch den Wohnsitz des Beklagten begründet.
[2] Besonderer Gerichtsstand: An diesem Gerichtsstand (Ort) kann nur geklagt werden, wenn ein besonderer im Gesetz vorgesehener Fall vorgesehen ist, so z. B. in Unterhaltssachen.

5. Absatzwirtschaft

Aufgaben, Lehrbuch Seiten 223 – 226

1. Die Formel zur Berechnung des Gewinns lautet:

   Gewinn = Umsatz – Kosten.

   Wenn sich zwar der Umsatz, nicht aber der Gewinn erhöht hat, so liegt dies möglicherweise daran, dass höhere Kosten entstanden sind.

   Beispiel:
   Vorher: Gewinn 100.000,- € = 150.000,- € Umsatz – 50.000,- € Kosten
   Nachher: Gewinn 100.000,- € = 180.000,- € Umsatz – 80.000,- € Kosten.

2. a) Neben der Werbung gibt es noch weitere absatzpolitische Instrumente. Insgesamt lassen sich diese wie folgt darstellen.

   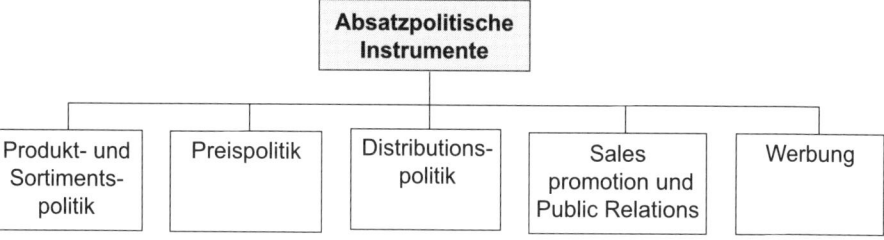

   b) Die Gesamtheit aller Aktivitäten der Unternehmensführung, die sich am Markt orientiert, lässt sich mit dem Begriff Marketing charakterisieren. Die Marketingabteilung eines Unternehmens hat also die Aufgabe, alle Marketingaktivitäten zu koordinieren und mit anderen Funktionsbereichen, wie der Werbeabteilung, auf die Markterfordernisse hin zu arbeiten.

3. a) Assoziativ bedeutet „durch Vorstellungsverknüpfung bewirkt".
   b) Grün assoziiert den Eindruck „erfrischend" und „kühlend".

4. a) Das Inhaltsverzeichnis des Katalogs des Kiehl Verlags, Ludwigshafen/Rhein, ist auszugsweise nach folgenden Kriterien untergliedert:

   1. Lehrbücher für kaufmännische Berufe und Berufe aus dem Gesundheitswesen
   2. Prüfungsbücher für kaufmännische Berufe und Berufe aus dem Gesundheitswesen
   3. Lexika und Nachschlagewerke
   4. Prüfungsbücher für Betriebswirte, Fachwirte, Fachkaufleute und Meister
   5. Kompakt-Training Praktische Betriebswirtschaft
   6. Kompendium der Praktischen Betriebswirtschaft
   7. Zeitschriften (www.kiehl.de).

   b) Sortimentstiefe bei z. B. Tiefkühlkost: Erdbeeren, Heidelbeeren, Himbeeren, Waldbeerenmischung, Stachelbeeren.

5. In einer Zeitschrift wird wie folgt für eine Uhr geworben: Solides Gehäuse, aus rostfreiem Stahl mit einer kratzfesten Lünette. Geschliffenes/hochglanzpoliertes Armband aus rostfreiem Stahl. Verdeckter Faltverschluss mit Doppeldruckknopf-Öffnung. Saphirglas. Wasserdicht bis 50 m.

6. a) Je wirksamer die Werbung für ein Produkt ist, desto größer ist der Absatzerfolg. Deshalb ist es erforderlich, die Aufmerksamkeit des Umworbenen für ein bestimmtes Produkt zu gewinnen. Ist dies erst einmal errreicht, so kann es relativ schnell zu einem Kauf kommen. Aus der aus den USA stammenden Erkenntnis, dass der Umworbene (z. B. der Konsument, bestimmte Zielgruppen wie Raucher, Mütter usw.) eine bestimmte Stufenfolge der Wahrnehmung der Werbung durchläuft, ist die AIDA-Formel entstanden.

b)

7. a) - Automobilindustrie: Opel, VW, BMW, Audi, Mercedes Benz
   - Getränkeindustrie: Selters Mineralwasser, Karlsberg-Brauerei
   - Haushaltsgeräte-Produktion: Siemens, Bauknecht
   - Datenverarbeitungsprodukte - Industrie: Hewlett Packard (Hardware-Produkte, wie Drucker, so Tintenstrahl- und Laserdrucker) oder Microsoft (Software-Produkte, wie Textverarbeitungsprogramme WINWORD, Tabellenkalkulationsprogramme wie EXCEL).

   b) Mit Public Relations wird moderne Öffentlichkeitsarbeit betrieben. Unternehmen versuchen, auf diese Weise mehrere Ziele zu erreichen. So sollen beispielsweise
   - ein positives Ansehen des Unternehmens gebildet oder gefestigt,
   - der Bekanntheitsgrad erhöht und
   - Mitarbeiter dadurch motiviert werden, dass ihnen durch Public Relations bewusst wird, dass sie in einem bedeutenden Unternehmen beschäftigt sind.

8. Wenn von Display die Rede ist, so geht es um Verkaufsförderung. Ein Display ist ein aufstellbares Werbemittel, z. B. Verkaufsständer oder Gondeln.

9. a) Will man aus einer Grundgesamtheit (z. B. alle Berufsschüler in der Bundesrepublik Deutschland, die das Ziel Bürokaufmann/Bürokauffrau anstreben) eine Befragung durchführen, so besteht die Möglichkeit, eine Vollerhebung oder eine Teilerhebung zu wählen.

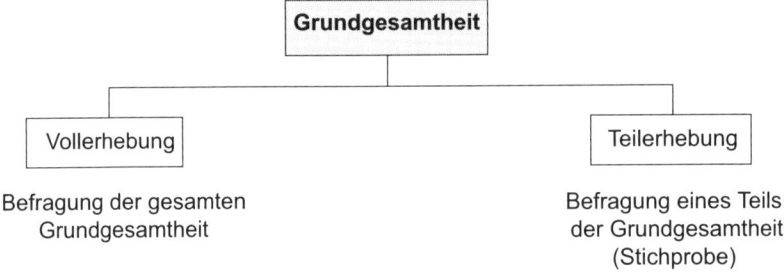

b) Im Falle einer Teilerhebung wird nur ein bestimmter Prozentsatz der Grundgesamtheit befragt. Dies führt zu einer Kosteneinsparung der Erhebung.

5. Absatzwirtschaft

10. a) Quotenbefragung: Befragung von Personen nach vorgebenen Merkmalen.

    b) Randomverfahren

11. Erfolgt eine Voraussage der Marktentwicklung (z. B. im Hinblick auf die Veränderung der Preise oder Absatzmengen) auf der Grundlage der Ergebnisse der Marktanalyse (= Befragung eines Teilmarktes) und der Marktbeobachtung (= ständige Beurteilung der Marktentwicklung), so spricht man von einer Marktprognose.

12. a) Direkter Absatz

    b) Das Bürgerliche Gesetzbuch regelt die Besonderheiten des Ratenlieferungsvertrags, so das Widerrufs- und Rückgaberecht (siehe hierzu auch §§ 355, 356, 505 BGB).

13. Der Handelsmakler darf nicht mit dem Zivilmakler verwechselt werden. Letzterer tritt vor allem als Grundstücksmakler und Ehevermittler auf. Also unterscheiden sich beide Makler nach der Art der Vertragsgegenstände. Diese müssen beim Handelsmakler solche des Handelsverkehrs sein, wie z. B. Verträge über

    – die Anschaffung und Veräußerung von Waren und Wertpapieren (z. B. Aktien),
    – Versicherungen,
    – Güterbeförderungen,
    – Schiffsmiete (§ 93 ff. HGB).

14. Indirekter Absatzweg

15. a) Handelsvertreter (§ 84 HGB)

    b) Kommissionär (§ 383 HGB)

16. a)

neue Bundesländer	Landeshauptstädte
Berlin	–
Brandenburg	Potsdam
Mecklenburg-Vorpommern	Schwerin
Sachsen	Dresden
Sachsen-Anhalt	Magdeburg
Thüringen	Erfurt

b) Das Statistische Bundesamt hat seinen Sitz in Wiesbaden, also in der Landeshauptstadt des Bundeslandes Hessen.

c) Wer von Franchising spricht, meint eine **Vertriebsbindung** für Waren, Immobilien oder Dienstleistungen zwischen einem **Franchise-Geber**, wie z. B. McDonald's und einem **Franchise-Nehmer**, d. h. einem Händler, der mit eigenem Kapitaleinsatz unter einem einheitlichen Marketingkonzept Waren und/oder Dienstleistungen anbietet. Der Franchise-Geber bringt wichtige Voraussetzungen wie Markttests oder Kalkulationshilfen und bietet laufend geschäftlichen Beistand, Beratung, Werbung und Ausbildung. Als Gegenleistung hat der Franchise-Nehmer dem Franchise-Geber eine Gebühr zu zahlen. Er hat somit die Gewähr, dass kein anderer Franchise-Nehmer in seinem Gebiet einen Betrieb eröffnet. Individuell werden die Rechte und Pflichten der Vertragspartner vertraglich festgelegt. Der Franchise-Nehmer, der möglicherweise erstmalig Existenzgründer ist, hat die Möglichkeit, günstige Investitionskredite z. B. von der in Bonn ansässigen Deutschen Ausgleichsbank zu erhalten. Das Bundeswirtschaftsministerium weist allerdings ausdrücklich darauf hin, dass nicht alle Existenzgründungen per Franchising öffentlich gefördert werden. Außerdem ist es empfehlenswert, Franchise-Vereinbarungen von Rechtsanwälten überprüfen zu lassen, aber nur von solchen, die sich auf diesem Gebiet Spezialkenntnisse angeeignet haben. Im Zweifelsfall nennen Rechtsanwaltskammern oder Industrie- und Handelskammern die Namen von Anwälten, die sich mit Franchising auseinander gesetzt haben.

d) Good Year (Autoreifen), Foto-Quelle, Coca-Cola.

17. a) **Auszug Gebührentabelle:**

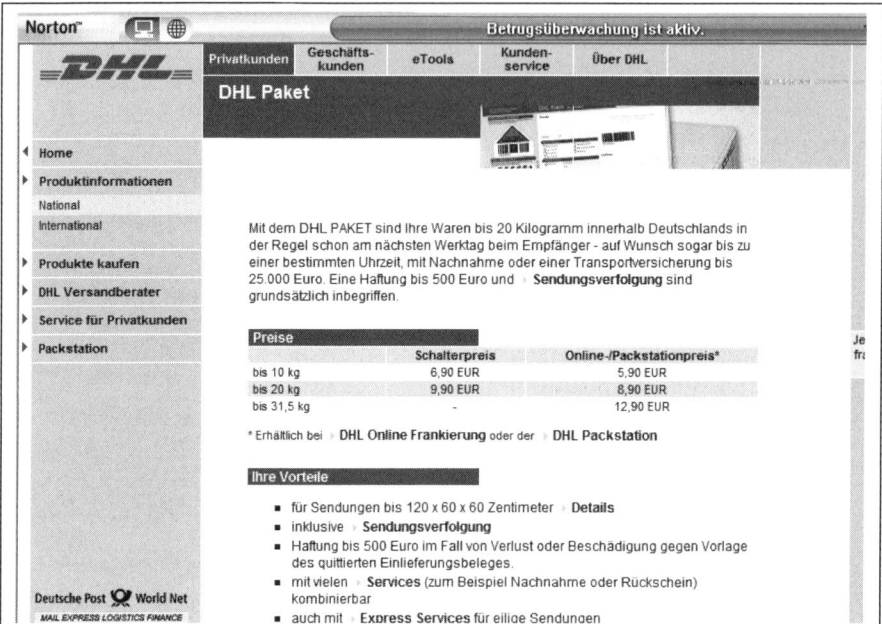

Stand: März 2007

Paketgewichte	Gebühren gemäß Tabelle aus dem Internet www.dhl.de
4,2 kg	6,90 €
8,8 kg	6,90 €
12 kg	9,90 €
16,1 kg	9,90 €
Gesamtgebühr →	33,60 €

b) Neben der Deutschen Post AG gibt es weitere Unternehmen, die Pakete befördern, so z. B. „German Parcel", „DPD = Deutscher Paketdienst", „Hermes Logistik Gruppe", „UPS".

18. Diese Situation verstößt gegen § 7 des Gesetzes gegen den unlauteren Wettbewerb (= UWG). Frau Friedlich wurde deshalb unzumutbar belästigt, weil sie durch einen Aufkleber am Briefkasten deutlich gemacht hat, dass sie keine Werbung wünscht.

5. Absatzwirtschaft

19. a) Im vorliegenden Fall handelt es sich um eine Mängelrüge im Sinne des § 434 BGB, also nicht um einen Rechtsanspruch, der aus dem Produkthaftungsgesetz abgeleitet werden könnte.

b) Im vorliegenden Fall konnte ein Sachverständiger einen Produktfehler feststellen. Der Fehler an dem Produkt hatte zur Folge, dass eine Hans gehörige Sache, nämlich seine Hose, zerrissen wurde. Hans kann gemäß Produkthaftungsgesetz einen Schadensersatzanspruch geltend machen.

20. a) Wirtschaftszweige sind:
    - Industrie
    - Handel
    - Verkehr
    - Versicherungen
    - Kreditinstitute.

b) In der Industrie gibt es die Textilbranche, Lebensmittelbranche, Getränkemittelbranche, Chemieproduktebranche usw.

c) Werbung ist in Unternehmen ein fester Posten im Investitionsplan.

d) Die Werbung spielt in der (Sozialen) Marktwirtschaft eine zentrale Rolle.

e) Kritik an der Werbung in dem Text:
   - Werbung verleitet junge Leute und Kinder mit noch geringer Souveränität Produkte zu kaufen.
   - Der Kinderbund stellt fest: Spots für löbliche Zwecke (annehmbare Produkte) greifen mittlerweile zu „schärfsten Zutaten", z. B. zu Kasperletheater mit Salven aus dem Maschinengewehr oder zu Situationen, in denen mit dem Mittel des Selbstmords zu Käufen verleitet werden soll.

f) schülerindividuelle Antwort.

g) Der Autor des Beitrags stellt zur Problematik der Werbung fest, dass jeder „das Recht hat, zu wählen", was das Recht einschließt, sich dem Kauf zu verweigern, wenn beispielsweise kinderfeindliche Kaufgegenstände angeboten werden. Er fordert im Prinzip die Werbung machenden Produzenten auf, für die Gesellschaft annehmbare Grenzen einzuhalten. Ist dies nicht möglich/erreichbar, so muss der Verbraucher seine Konsequenzen ziehen, d. h. sich verweigern, bestimmte Produkte zu kaufen.

6. Beschaffungswesen

Aufgaben, Lehrbuch Seiten 287 – 292

1. Eine elektronische Registrierkasse hat den Vorteil, dass mithilfe eines Scanners der EAN-Code (= europäische Artikel-Numerierung) gelesen werden kann. So bieten sich folgende Vorteile:
   - Kunden und Preise können gespeichert werden.
   - Warengruppen, wie Drucker, Bildschirme, Software usw. sind im Hinblick auf Preis und Menge programmierbar.
   - Die Mehrwertsteuer (7 % bzw. 19 %) wird automatisch berechnet.
   - Es kann festgestellt werden, welche Bestände an Waren noch an Lager sind und deshalb möglicherweise nachbestellt werden müssen.
   - Die Kassenzettel werden automatisch gedruckt.

2. Der Mindestbestand, auch eiserner Bestand genannt, stellt die Menge an Warenvorräten dar, die normalerweise nicht unterschritten werden darf.

3. a) Die Deutsche Telekom AG gibt die „Gelben Seiten" heraus.

   b) Die „Gelben Seiten" sind Branchentelefonbücher, als Ergänzung zu den amtlichen Telefonbüchern der Deutschen Telekom AG. Die „Gelben Seiten" können auch im Internet eingesehen werden (www.t-online.de).

   c) „Gelbe Seiten (Yellow Pages)" sind wie folgt aufgebaut:
   - Telekom-Service-Seiten
     - Verbreitungsgebiet
     - Gelbe Seiten Service mit Buchbestellungen
     - Bedeutung der Abkürzungen und Hinweise
   - Ämter und Initiativen
     - Behörden-Direktruf-Verzeichnis
     - Selbsthilfe & Beratung
   - Umweltschutz
     - Abfallentsorgung von A - Z
     - Tipps zum Ozon-Alarm
     - Ansprechpartner für den Umweltschutz
   - Verkehr
     - Busse und Bahnen
     - Deutsche Bahn AG
   - Kultur und Freizeit
     - Bibliotheken
     - Museen
     - Theater
     - Veranstaltungen
     - Schwimmen
     - Studieren
     - Messen
   - Postleitzahlen dieses Buchbereiches
     - Straßenverzeichnis mit PLZ
   - Berufe, Dienstleistungen, Waren von A - Z
   - Stichwortverzeichnis.

4. a) Aus Gablers Wirtschaftslexikon ist zu ersehen, was ein Slogan ist. Es handelt sich um ein „Werbeschlagwort, das der Einprägung von Begriffen (meist Merkmalen) beim Konsumenten dienen soll. – Merkmale: Kürze und Prägnanz (wesentlich für Akzeptanz und Gedächtniswirkung), verstärkt durch sprachlich-rhythmische Intonation und Wortwohlklang (wesentlich für Gefallen und Behalten)".

b) Beispiele für Slogans:
- Milch macht müde Männer munter.
- Ruf doch mal an!
- Pampers. Sogar wenn sie nass sind, sind sie schön trocken.
- Clausthaler: Nicht immer, aber immer öfter.

c) Im Gablers Wirtschaftslexikon ist ebenfalls definiert, was ein Logo ist. Es handelt sich dabei um ein „Firmenzeichen, grafisches Symbol, das für ein ganzes Unternehmen steht, untrennbar mit ihm verbunden ist. Es dient der Darstellung des besonderen Charakters und der Philosophie des Unternehmens sowie der Abhebung von der Konkurrenz".

d) - Im Vergleich zum vorangegangenen Jahr fanden dieses Jahr 163 – 136 = 27 Ausstellungen mehr statt.
- 4.653 – 3.205 = 1.448 mehr Aussteller waren in diesem Jahr, verglichen mit dem vorangegangenen Jahr, vertreten.
- Die Ausstellungsfläche wurde um 101.403 m^2 – 76.688 m^2 = 24.715 m^2 erweitert.
- Die Fläche pro Aussteller ging zurück.
- Die Fördersumme wurde um 18 Mio € – 14,7 Mio € = 3,3 Mio € verringert.
- Der Preis für die Aussteller sank in diesem Jahr um 4.575 € – 3.874 € = 701 €.

e) Auf einer Messe werden aufgrund von Mustern (Textilien, Telefonen usw.) Kaufabschlüsse getätigt.

f) Besucher können sich auf Ausstellungen entsprechend informieren und neue Bezugsquellen entdecken.

5. a) Der Winzerverein Irgendwo bietet seinen Kunden Wein zu bestimmten Konditionen an. Unter anderem gewährt das Unternehmen einen Mengenrabatt in Höhe von 6 %. Bei dem Gesamtangebot handelt es sich um eine einseitig abgegebene Willenserklärung, die die Kunden akzeptieren können. Im vorliegenden Fall weicht der potenzielle (= mögliche) Kunde im Hinblick auf den Rabatt von der Willenserklärung des Winzervereins Irgendwo ab. Er unterbreitet eine eigene Willenserklärung. – Nur wenn der Winzerverein Igendwo auf das Angebot von Herrn Junghans eingeht, kann ein Kaufvertrag (= Verpflichtungsgeschäft, gemäß § 433 BGB) zu Stande kommen, da in diesem Fall die beiden Willenserklärungen von Käufer und Verkäufer übereinstimmen.

b) Ist die bestellte Ware geliefert, aber vom Käufer noch nicht bezahlt, so kommt das auf das Verpflichtungsgeschäft folgende Erfüllungsgeschäft noch nicht vollständig zu Stande. Bis zur Begleichung des Rechnungsbetrags lastet auf der Ware noch ein Eigentumsvorbehalt (§ 449 BGB). Dies bedeutet, dass der Käufer das Eigentum an der Ware erst erwirbt, wenn er seine Verpflichtung, die Ware zu bezahlen, erfüllt hat.

Gemäß § 455 BGB ist der Verkäufer sogar zum Rücktritt von dem Vertrag berechtigt, wenn der Käufer mit der Zahlung in Verzug kommt (= sog. Zahlungsverzug).

6. Bei dem von der Kassiererin bekannt gegebene tatsächliche Preis handelt es sich um eine „Aufforderung zur Abgabe eines Angebots" an den Kunden. Im konkreten Fall bedeutet dies, dass der Kunde aufgefordert wird, dem Verkäufer das Angebot, d. h. den Antrag, zu unterbreiten, die Dose Fisch kaufen zu wollen. Die Willenserklärung des Käufers, die Ware für 1,20 € kaufen zu wollen, stimmt nicht mit der des Verkäufers (an der Kasse) überein. Aus diesem Grunde kann kein rechtsgültiger Kaufvertrag zu Stande kommen. Der Verkäufer kann sich weigern, die Dose zu einem günstigeren als von ihm angebotenen Preis zu verkaufen.

6. Beschaffungswesen

7. Gemäß § 305 b BGB haben „individuelle Vertragsabreden Vorrang vor Allgemeinen Geschäftsbedingungen". Die Bedeutung dieser Rechtsnorm hat zur Folge, dass im konkreten Fall nicht der Inhalt der Allgemeinen Geschäftsbedingungen Gegenstand des Kaufvertrages ist, sondern die zwischen Käufer und Verkäufer getroffene Vereinbarung, wonach bei Zahlung innerhalb von 10 Tagen 3 % Skonto zu gewähren ist.

8. a) Es handelt sich im konkreten Fall um den Abschluss eines zweiseitigen Handelskaufs. Die Verjährungsfrist beträgt in diesem Fall drei Jahre (§ 195 BGB). Die Frist der Verjährung beginnt gemäß § 199 BGB mit dem Schluss des Jahres, in dem der Anspruch entstanden ist.

   b) Wenn die Abschlagszahlung vor dem Beginn der Verjährungsfrist erfolgt, hat sie keine Auswirkung auf den Verlauf der Verjährungsfrist. Erfolgt die Abschlagszahlung während des Laufs der Verjährungsfrist, beginnt die Verjährungsfrist nach Beendigung der Unterbrechung erneut zu laufen, aber nicht erst am Ende des Jahres, sondern sofort (§ 212 BGB).

   c) Hat die Verjährungsfrist bereits zu laufen begonnen, so wird sie mit Zustellung des Mahnbescheids gehemmt (§ 204 BGB). Die Verjährungsfrist verlängert sich (§ 209 BGB).

9. Im vorliegenden Fall handelt es sich um die mangelhafte Lieferung einer Ware im Rahmen eines zweiseitigen Handelskaufs. Der Mangel ist offen zu Tage getreten, sodass der Käufer den Mangel unverzüglich beim Verkäufer rügen muss, um seine Gewährleistungsansprüche geltend zu machen (§ 377 HGB).

> **§ 377 [Untersuchungs- und Rügepflicht]**
>
> (1) Ist der Kauf für beide Teile ein Handelsgeschäft, so hat der Käufer die Ware unverzüglich nach der Ablieferung durch den Verkäufer, soweit dies nach ordnungsgemäßem Geschäftsgange tunlich ist, zu untersuchen und, wenn sich ein Mangel zeigt, dem Verkäufer unverzüglich Anzeige zu machen.
>
> (2) Unterlässt der Käufer die Anzeige, so gilt die Ware als genehmigt, es sei denn, dass es sich um einen Mangel handelt, der bei der Untersuchung nicht erkennbar war.

10. Es liegt keine Unmöglichkeit vor, da der Brand nicht vor Ablauf des 12. Juni stattgefunden hat. Da Frau Pangiota den Termin „12. Juni" verpasst hat, die Ware also nicht bis spätestens zu diesem Termin abgeholt hat, liegt Annahmeverzug gemäß § 293 BGB vor. Der Schuldner hat gemäß § 300 BGB während des Verzugs des Gläubigers nur Vorsatz und grobe Fahrlässigkeit zu vertreten. Deshalb hat Frau Panagiota kein Recht, das mittels Kreditkarte bezahlte Geld für die gekaufte Ware zurückzufordern.

11. a) Es handelt sich gemäß § 434 Abs. 2 BGB um einen Sachmangel.

    b) Es handelt sich um eine positive Forderungsverletzung bzw. positive Vertragsverletzung. Diese stellt einen Sachmangel dar, der Schadensersatzansprüche gegenüber dem Tierverkäufer auslöst.

    c) Es handelt sich um eine Vertragsanbahnung. Bei der Überlegung, ob es sich um eine „culpa in contrahendo" handelt, sind folgende Fragen zu überprüfen:
    1. Besteht ein Schuldverhältnis gemäß § 311 Absatz 2 und 3?
    2. Handelt es sich um eine Pflichtverletzung von vorvertraglichen Pflichten, wie Obhuts-, Schutz- oder Informationspflichten?
    3. Hat der Schuldner die Pflichtverletzung zu vertreten?
    4. Ist durch die Pflichtverletzung ein Schaden entstanden?

Man kommt zu dem Ergebnis, dass der Schuldner eine Pflicht aus dem Schuldverhältnis verletzt hat; d. h. es handelt sich also tatsächlich um eine culpa in contrahendo. Deshalb kann der Gläubiger Ersatz des hieraus entstandenen Schadens verlangen (§ 280 BGB).

d) Es handelt sich um den Fall der „nachträglichen Unmöglichkeit" gemäß § 275 BGB. Aufgrund des Schuldnerverzugs des Unternehmens kann Ersatz des Schadens geltend gemacht werden (§ 280 BGB).

e) Es handelt sich um einen Rechtsmangel (§ 435 BGB).

12. a)

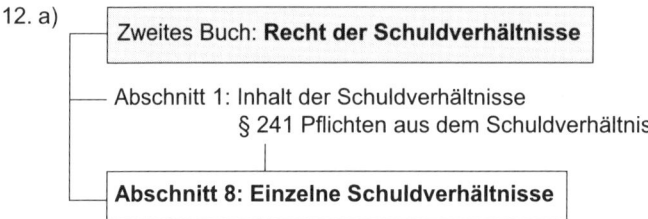

Titel 1: Kauf, Tausch

    Untertitel 1: **Allgemeine Vorschriften**
        § 433 Vertragstypische Pflichten beim Kaufvertrag
        § 434 Sachmangel
        § 435 Rechtsmangel

    Untertitel 2: **Besondere Arten des Kaufs** (§ 454 ff.)
        Kapitel 1: Kauf auf Probe
        Kapitel 2: Wiederkauf
        Kapitel 3: Vorkauf

    Untertitel 3: **Verbrauchsgüterkauf** (§ 474 ff.)
        § 474 Begriff des Verbrauchsgüterkaufs
        § 475 Abweichende Vereinbarungen

    Untertitel 4: Tausch (§ 480)

b) Beim zweiseitigen Handelskauf handelt es sich um zwei Kaufleute als Vertragspartner. Sie werden Käufer und Verkäufer genannt. Der Verbrauchsgüterkauf ist ein einseitiger Handelskauf. Aufgrund der Tatsache, dass der Verbraucher besonders geschützt werden soll, wurde dieses Rechtsgeschäft als „besonderes Rechtsgeschäft" im BGB integriert. Damit verbunden war auch, dass die Vertragspartner in § 474 BGB „Unternehmer" und „Verbraucher" genannt werden.

13. Es handelt sich um eine „aluid- Lieferung" (= Falschlieferung) und eine „Zuweniglieferung", also um einen Sachmangel (§ 434 BGB). – Bei diesem Verbrauchsgüterkauf ist die Wein-Vertriebs GmbH als Vertragspartner „Unternehmer" und Martin Feierbub „Verbraucher". – Der Käufer kann nun einen Nacherfüllungsanspruch gegenüber dem Verkäufer geltend machen und eine mangelfreie Lieferung verlangen. Erfolgt die Lieferung nicht und ist auch die von Herrn Feierbub gesetzte Frist zur Nacherfüllung verstrichen, ohne dass eine wunschgemäße Lieferung erfolgt ist, kann der Verbraucher Martin Feierabend gesetzlich garantierte Gewährleistungsansprüche geltend machen (§§ 13, 14, 437 BGB).

14. a) Für einen Kostenanschlag, mit dem der Unternehmer den Besteller vor Auftragserteilung über die Kosten informiert, die voraussichtlich anfallen werden, kann er kein Geld verlangen. Sollte es allerdings zu einer Überschreitung des Kostenanschlags kommen, so hat der Unternehmer dem Besteller unverzüglich Anzeige zu machen (§§ 632, 650 BGB).

6. Beschaffungswesen

b) Ein Werkvertrag kann zwischen einem Besteller und einem Unternehmer zu Stande kommen.

c) Es handelt sich um einen Sachmangel.

d) Erhält der Besteller vom Unternehmer ein mangelhaftes Werk, wie eine zu kurze Hose, eine nicht funktionsfähige Maschine oder ein nicht vereinbarungsgemäß hergestelltes Hochzeitskleid, so muss er das Werk nicht abnehmen. Er kann auf die Herstellung eines mangelfreien Werkes bestehen. Im Gegensatz zu der Wahlmöglichkeit bei der Geltendmachung des Nacherfüllungsanspruchs beim Kaufvertrag kann der Unternehmer im Falle des Werkvertrags entscheiden, ob er selbst nachbessert oder gar neu herstellt. Bei dieser Wahlmöglichkeit hat der Besteller das Recht, dem Unternehmer eine Frist zu setzen, innerhalb deren der Mangel zu beheben ist. Nach erfolglosem Ablauf der Frist hat der Besteller gemäß § 634 BGB verschiedene Wahlmöglichkeiten:
- Selbstvornahme gemäß § 637 BGB
- Rücktritt gemäß §§ 323, 326 I BGB
- statt Rücktritt Minderung gemäß § 638 BGB
- und/oder Schadensersatz gemäß §§ 280, 281, 636 BGB.

e) Aus § 437 BGB ergeben sich Ansprüche, die der Käufer im Falle eines Mangels an einer Sache geltend machen kann. Auch diese unter Nr. 1 und 3 bezeichneten Ansprüche unterliegen der Verjährung. Die Leistungsstörung in diesem Fall verjährt nach zwei Jahren.

f) Im Gegensatz zu der Wahlmöglichkeit bei der Geltendmachung des Nacherfüllungsanspruchs beim Kaufvertrag kann der Unternehmer im Falle des Werkvertrags entscheiden, ob er selbst nachbessert oder gar neu herstellt (§ 635 BGB).

15. Es handelt sich um einen Lieferungsverzug. Da ein genaues Kalenderdatum vereinbart war, bedarf es gemäß § 286 Abs. 2 keiner Mahnung durch den Verbraucher gegenüber dem Unternehmer. Der Schuldner, d.h. der Unternehmer, hat gemäß § 287 BGB auch Fahrlässigkeit zu vertreten, die hier anzunehmen ist. Er wird deshalb schadensersatzpflichtig gemäß § 280 BGB, da er seine Pflicht aus dem Schuldverhältnis verletzt hat.

16. Es handelt sich um einen Fixhandelskauf (§ 376 HGB).

17. An den Verpflichtungen, die die beiden Vertragspartner im Rahmen des Kaufvertrags eingegangen sind, ändert sich trotz Annahmeverzuges nichts. Deshalb hat der Verkäufer, d. h. hier die „Obst & Gemüse KG", das Recht, auf die Abnahme der Ware zu bestehen. Da der Käufer nicht zu erreichen ist, kann der Verkäufer die Rechte geltend machen, die ihm auch ohne Zustimmung des Gläubigers grundsätzlich zustehen.

1. Der Verkäufer darf bei Annahmeverzug des Käufers die Ware auf dessen Gefahr und Kosten in einem öffentlichen Lagerhaus oder sonst in sicherer Weise hinterlegen (§ 373 HGB).

2. Der Verkäufer kann die Ware in eigener Verwahrung behalten oder anderweitig verwahren. Er haftet dann nur für Vorsatz und grobe Fahrlässigkeit und hat Anspruch auf Ersatz der Aufwendungen.

3. Der Verkäufer darf die Ware verkaufen lassen. In der Regel muss er den Selbsthilfeverkauf dem Käufer vorher androhen. Außerdem hat er ihm rechtzeitig Ort und Zeitpunkt des Selbsthilfekaufs mitzuteilen. Besteht die Gefahr, dass die Ware verdirbt, so besteht keine Verpflichtung zur vorherigen Androhung, da ein Notverkauf erfolgen muss. Wie der Selbsthilfeverkauf erfolgen soll, braucht der Verkäufer dem Käufer nicht mitzuteilen.

Kommt es zu einer öffentlichen Versteigerung einer Sache, so können Verkäufer und Käufer mitbieten (§ 373 HGB).

4. Er kann vom Vertrag zurücktreten, wenn der Käufer die Ware schuldhaft nicht entgegennimmt (§ 374 HGB).

5. Der Verkäufer kann gegen den Käufer auf Abnahme klagen.

18. a) Es handelt sich um einen Werkvertrag (§ 631 BGB).

b) Der Inhaber des Betriebes, Herr Speckschwart, darf wegen fehlender Vereinbarung einen Betrag für einen Kostenanschlag nicht in Rechnung stellen. Sollte der Unternehmer behaupten, ein Kostenanschlag sei vereinbart worden, so trägt er die Beweislast. Da das BGB im Falle des Kostenanschlags keine Schriftform vorsieht, dürfte die Beweisführung für den Unternehmer nicht ganz einfach sein, es sei denn, er kann Zeugen benennen, die bei der Vereinbarung anwesend waren (§§ 632 Abs. 3, 650 BGB).

c) Grundsätzlich gilt: Leistet der Schuldner auf eine Mahnung des Gläubigers nicht, die nach dem Eintritt der Fälligkeit erfolgt, so kommt er durch die Mahnung in Verzug. – Der Schuldner einer Geldforderung kommt jedoch spätestens in Verzug, wenn er nicht innerhalb von 30 Tagen nach Fälligkeit und Zugang der Rechnung oder gleichwertigen Zahlungsaufstellung leistet. Für den Verbraucher gelten jedoch – aus Verbraucherschutzgründen – andere Gesetzmäßigkeiten. Für ihn gilt die 30-Tage-Regelung nur dann, wenn der Gläubiger in der Rechnung gesondert auf die Folge eines Verzuges hingewiesen hat. Dies ist in dem vorliegenden Fall nicht der Fall gewesen. Also muss der Malerbetrieb Herrn Casablanca eine Frist zur Zahlung setzen. Hat er nach Ablauf der Frist nicht bezahlt, so ist der Schuldner in Zahlungsverzug geraten. – Herr Speckschwart kann also zunächst keine Zinsen verlangen. Tritt jedoch Zahlungsverzug ein, so kann er zwar Zinsen verlangen, aber keine 8 Prozent, sondern nur 5 % über dem aktuellen Basiszinssatz (§ 288 BGB).

d) Den aktuellen Basiszinssatz kann er u.a. in Erfahrung bringen, wenn er sich über www.bundesbank.de ins Internet einloggt oder in einer Wirtschaftszeitung, wie z. B. dem Handelsblatt, nachschaut (§§ 247, 288 BGB).

19. a) Dieser Anspruch unterliegt der regelmäßigen Verjährungsfrist (§ 195 BGB). Diese beträgt drei Jahre und beginnt mit dem Schluss des Jahres, in dem der Anspruch entstanden ist. Dies bedeutet im konkreten Fall, dass die Verjährung mit Ablauf des Jahres 1 beginnt und endet am 31. Dezember des Jahres 4 (§§ 195, 199 BGB).

b) Die Verjährung lässt zwar den Anspruch nicht erlöschen; sie begründet aber zu Gunsten des Schuldners ein dauerndes Leistungsverweigerungsrecht.

c) Die Verjährung beginnt neu zu laufen (§ 212 BGB).

20. Es handelt sich hier um einen rechtskräftig festgestellten Anspruch aufgrund eines Urteils. Dieser verjährt in 30 Jahren. Die Verjährungsfrist beginnt mit der Entstehung des Anspruchs (§§ 197 BGB, 200 BGB). Der Tag des Urteils wird nicht mitgezählt (§ 187 BGB). Die Frist beginnt also am 25. April des Jahres 4 zu laufen. Also verjährt der Anspruch am 25. April des Jahres 34.

21. a) Die Zustellung eines Mahnbescheids führt dazu, dass die Verjährung gehemmt wird. Ist die Verjährung gehemmt, so wird der Zeitraum, während dessen die Verjährung gehemmt ist, nicht in die Verjährungsfrist eingerechnet (§ 204 BGB).

b) Die Verjährung beginnt neu zu laufen (§ 212 BGB).

c) Durch das Begleichen der ausstehenden Geldforderung ist die Verjährungsfrist beendet.

7. Zahlungsverkehr

Aufgaben, Lehrbuch Seite 321 – 322

1. a) Der Inhaber eines Barschecks kann diesen bei dem bezogenen Geldinstitut, d. h. der Bank oder Sparkasse, vorlegen und sich den Scheckbetrag bar auszahlen lassen. Deshalb ist die Namensabgabe auf einem Barscheck überflüssig.

    b) Bei Verlust des Schecks kann sich der „neue" Scheckinhaber den Scheckbetrag auszahlen lassen. Der bisherige rechtmäßige Inhaber hat das Nachsehen.

2. Nein, ein nicht berechtiger Inhaber einer BANKCARD kann diese nicht verwenden, da ihm die Geheimzahl, die am Geldautomaten bei der Bank eingegeben werden muss, nicht bekannt ist.

3. a) Einzelüberweisung: bargeldlose Zahlung
    b) Zahlschein: halbbare Zahlung
    c) Verrechnungsscheck: bargeldlose Zahlung
    d) Zahlung mittels Onlinebanking: bargeldlose Zahlung
    e) Barscheck: halbbare Zahlung

4. a) **Online/Btx-PIN**: Es handelt sich hier um die **Persönliche-Identifikations-Nummer**. Sie besteht aus sechs nummerischen Stellen und kann jederzeit vom berechtigten Kontoinhaber geändert werden. Nach Eingabe mittels der Tastatur erscheint für jede Stelle sichtbar nur jeweils ein *.

    b) **Transaktionsnummern**, kurz: **TAN,** werden dem Inhaber des Girokontos von der Bank vorgegeben. Bei jedem Überweisungsvorgang gibt er eine der sechsstelligen TANs in die auf dem Bildschirm erscheinende Maske (z.B. 830584) ein. Jede TAN kann nur einmal benutzt werden. – Mit der Maus wird über „OK" der Überweisungsvorgang ausgelöst.

    c) – Es können Kontostände eingesehen werden.
    – Es können der Bank Aufträge erteilt werden.
    – Es können Aktien gekauft werden.

5. a) Der 19-Jährige muss sein Brutto-Jahreseinkommen angeben. Dieses ist zu niedrig. Deshalb wird er von keiner der Kartenorganisationen eine Kreditkarte erhalten.

    b) ⇨ Visa
    ⇨ Eurocard
    ⇨ American Express
    ⇨ Diners Club.

6. Mit der BANKCARD kann in vielen Ländern der Europäischen Union, wie Deutschland, Belgien, Niederlande, Luxemburg, Frankreich, Spanien, Portugal, Italien bezahlt werden.

8. Rechtsformen der Unternehmen

Aufgaben, Lehrbuch Seiten 363 – 366

1. a) Es handelt sich
   - **nicht** um Einzelkaufleute, wie aus dem Zusatz „KG" zu erkennen ist, sondern um eine Personengesellschaft.
   - **nicht** um eine GmbH oder AG, weil bei diesen Kapitalgesellschaften verpflichtend verlangt wird, dass der Zusatz „GmbH" bzw. „AG" hinzuzufügen ist.

   b) Da eine KG zu den Personengesellschaften zählt, ist das Unternehmen „DR. AXEL PRIMA KG" in der Abteilung A des Handelsregisters eingetragen.

2. a) Grund der Eintragung ist die Erteilung der handelsrechtlichen Vollmacht „Prokura".

   b) Die Eintragung ist in der Abteilung A des Handelsregisters ⇨ HRA erfolgt.

   c) Es handelt sich um eine OHG, also eine Personengesellschaft.

   d) Gewinnverteilung bei der OHG:
   – Jeder Gesellschafter erhält zunächst 4 % seines Kapitalanteils;
   – Der Restgewinn wird nach Köpfen verteilt (§ 121 HGB).

3. a)

Haftung bei OHG und KG	
OHG	**KG**
Die Gesellschafter haften den Gläubigern gegenüber als Gesamtschuldner persönlich, d. h. mit ihrem Gesamtvermögen.	– Der Kommanditist haftet bis zur Höhe seiner Einlage unmittelbar. – Der Komplementär haftet wie der Gesellschafter einer OHG, also mit seinem Gesamtvermögen (also auch Privatvermögen).
§ 128 HGB	§§ 171 f. HGB

b)

Gewinnverteilung bei OHG und KG	
OHG	**KG**
– Jeder Gesellschafter erhält zunächst 4 % seines Kapitalanteils. – Der Restgewinn wird nach Köpfen verteilt ⇨ § 121 HGB.	– Jeder Gesellschafter erhält zunächst 4 % seines Kapitalanteils. – Der Restgewinn wird gemäß Gesellschaftsvertrag in angemessenem Verhältnis verteilt ⇨ 167 HGB.

   c) Sowohl OHG als auch KG sind Personengesellschaften. Sie sind in der Abteilung A des Handelsregisters beim zuständigen Amtsgericht eingetragen.

4.

Jahresgewinn: 400.000,– € der Brigitte Anders OHG				
Gesellschafter	Kapitaleinlage €	6 % der Kapitaleinlage €	Rest nach Köpfen €	Gesamtgewinn je Gesellschafter €
Brigitte Anders	160.000,–	9.600,–	82.000,–	91.600,–
Alina Neor	480.000,–	28.800,–	82.000,–	110.800,–
Alice Schwarz	320.000,–	19.200,–	82.000,–	101.200,–
Werner Haller	240.000,–	14.400,–	82.000,–	96.400,–
		72.000,–		400.000,– = Probe

Nebenrechnung 1:

Jahresgewinn	400.000,– €
− Summe 6 %ige Kapitaleinlage	72.000,– €
= Restgewinn	328.000,– €

Nebenrechnung 2:

Restgewinn nach Köpfen: $\dfrac{328.000}{4}$ = 82.000,– €

5.

Jahresgewinn: 480.000,– € der Elvira Mangold OHG				
Gesellschafter	Kapitaleinlage €	8 % der Kapitaleinlage €	Rest 1 : 2 : 5 €	Gesamtgewinn je Gesellschafter €
Elvira Mangold	240.000,–	19.200,–	48.000,–	67.200,–
Petra Obermann	700.000,–	56.000,–	96.000,–	152.000,–
Helga Schweiz	260.000,–	20.800,–	240.000,–	260.800,–
		96.000,–		480.000,–

Nebenrechnung 1:

Jahresgewinn	480.000,– €
− Summe 6 %ige Kapitaleinlage	96.000,– €
= Restgewinn	384.000,– €

Restgewinn : 8 = 48.000,– €

6. a) Es handelt sich um eine AG.

b) Es handelt sich um eine Kapitalgesellschaft.

c) Aktiengesetz

d) Es handelt sich um die Einladung zu einer ordentlichen Hauptversammlung dieser Aktiengesellschaft.

e) In der Anzeige sind folgende Organe genannt:
   ① Vorstand
   ② Aufsichtsrat
   ③ Hauptversammlung.

f) **Der Vorstand**
   - Er hat unter eigener Verantwortung die Gesellschaft zu leiten ➪ § 76 AktG.
   - Er führt die Geschäfte der Gesellschaft; bei mehreren Personen werden die Geschäfte gemeinsam geführt ➪ § 77 AktG.
   - Er vertritt die Gesellschaft nach außen hin gerichtlich und außergerichtlich ➪ § 78 AktG.
   - Er hat den Aufsichtsrat zu unterrichten über
     — die beabsichtigte Geschäftspolitik,
     — die Rentabilität der Gesellschaft,
     — die Umsatzhöhe usw. ➪ § 90 AktG.
   - Bei Zahlungsunfähigkeit der Gesellschaft hat er binnen drei Wochen die Eröffnung des Insolvenzverfahrens zu beantragen ➪ § 92 (2) AktG (siehe auch Insolvenzordnung).

   Der Aufsichtsrat
   - Er bestellt Vorstandsmitglieder auf höchstens fünf Jahre ➪ § 84 (1) AktG.
   - Werden mehrere Personen zu Vorstandsmitgliedern bestellt, so kann er ein Mitglied zum Vorsitzenden des Vorstands ernennen ➪ § 84 (2) AktG.
   - Er hat die Geschäftsführung, d. h. den Vorstand zu überwachen.
   - Er kann die Bücher und Schriften der Gesellschaft und die Geschäftskasse einsehen.
   - Er hat mit einfacher Mehrheit eine Hauptversammlung einzuberufen, wenn das Wohl der Gesellschaft es fordert ➪ § 111 AktG.
   - Vorstandsmitgliedern gegenüber vertritt der Aufsichtsrat die Gesellschaft gerichtlich und außergerichtlich ➪ § 112 AktG.

   Die Hauptversammlung
   Sie beschließt in den im Gesetz und in der Satzung ausdrücklich bestimmten Fällen, namentlich über
   - die Verwendung des Bilanzgewinns;
   - die Entlastung der Mitglieder des Vorstands und des Aufsichtsrats;
   - die Bestellung des Abschlussprüfers;
   - Satzungsänderungen;
   - Maßnahmen der Kapitalbeschaffung und der Kapitalherabsetzung;
   - die Auflösung der Gesellschaft usw. ➪ § 119 AktG.

g) Voraussetzungen, um eine Aktiengesellschaft zu gründen, sind:
   - eine oder mehrere Personen müssen die Gesellschaft gründen ➪ § 2 AktG
   - 50.000,– € Grundkapital ➪ § 7 AktG.

h) Nein, er kann es durch ein Kreditinstitut im Rahmen seines Depotstimmrechts ausüben lassen, ➪ § 134 (3) AktG.

i) Der Vorstand lädt zur Hauptversammlung ein und vertritt die Aktiengesellschaft nach außen.

j) Die Firma muss die Bezeichnung „Aktiengesellschaft" oder eine allgemein verständliche Abkürzung dieser Bezeichnung wie z. B. „AG" enthalten ➪ § 4 AktG.

7. Sind die Aktionäre namentlich bekannt, so kann die Hauptversammlung mit eingeschriebenem Brief einberufen werden. Der Tag der Absendung gilt als Tag der Bekanntmachung. Sind alle Aktionäre erschienen (oder vertreten), so kann die Hauptversammlung Beschlüsse fassen, so weit kein Aktionär der Beschlussfassung widerspricht (§ 121 AktG).

8. a) Es handelt sich um eine GmbH, also um eine Kapitalgesellschaft.

   b) Um eine GmbH zu gründen, ist ein Stammkapital in Höhe von mindestens 25.000,– € erforderlich ⇨ § 5 GmbH-Gesetz.

   Bei Erstellung dieses Manuskriptes wurde bekannt, dass die Bundesregierung einen Gesetzesentwurf mit dem Inhalt vorgelegt hat, das Mindeststammkapital einer GmbH auf 10.000,– € abzusenken. Mit dieser Gesetzesänderung sollen

   - Existenzgründungen erleichtert und
   - GmbHs im internationalen Wettbewerb der Rechtsformen gestärkt werden (siehe Bundesrats-Drucksache 619/05 vom 12. August 2005).

   c) Da eine GmbH eine Kapitalgesellschaft ist, ist sie in Abteilung B des Handelsregisters eingetragen.

9. Investition und Finanzierung

Aufgaben, Lehrbuch Seiten 431–436

1. a) Fremdfinanzierung, Außenfinanzierung
   b) Eigenfinanzierung, Beteiligungsfinanzierung, Außenfinanzierung
   c) Fremdfinanzierung, Außenfinanzierung
   d) Eigenfinanzierung, Selbstfinanzierung, Innenfinanzierung
   e) Fremdfinanzierung, Außenfinanzierung
   f) Eigenfinanzierung, Beteiligungsfinanzierung, Außenfinanzierung

2. a) Bezugsverhältnis = $\dfrac{20.000.000\ €}{5.000.000\ €}$ oder $\dfrac{4.000.000\ \text{Aktien}}{1.000.000\ \text{Aktien}} = \dfrac{4}{1}$

   b) Mischkurs nach Kapitalerhöhung = $\dfrac{\text{Kurswert alte Aktien} + \text{Kurswert neue Aktien}}{\text{Anzahl alte Aktien} + \text{Anzahl neue Aktien}}$

   $= \dfrac{4.000.000 \cdot 130\ € + 1.000.000 \cdot 90\ €}{4.000.000 + 1.000.000}$

   $= \dfrac{520.000.000\ € + 90.000.000\ €}{5.000.000}$

   $= 122{,}-\ €$

   c) Wert des Bezugsrechts = $\dfrac{\text{Börsenkurs alte Aktien} + \text{Bezugskurs neue Aktien}}{\text{Bezugsverhältnis} + 1} = \dfrac{40}{5} = 8\ €$

   d) Der tatsächliche Wert des Bezugsrechts weicht vom rechnerischen Wert ab, weil Bezugsrechte an der Börse gehandelt werden und sich der Wert deshalb durch Angebot und Nachfrage ergibt.

3. Der Rechnungsbetrag lautet 80.000 € plus 19 % MwSt = 95.200 €.
   Zahlt die Multimedia GmbH innerhalb von 10 Tagen, kann sie 3 % Skonto = 2.856 € Skonto abziehen und braucht nur 92.344 € zu überweisen.

   Nimmt die Multimedia GmbH zur vorzeitigen Zahlung bzw. Skontoausnutzung einen Bankkredit in Höhe dieses Betrages auf, muss sie 14 % p. a. Zinsen für 50 Tage zahlen. Die Zinsen belaufen sich nach der allgemeinen Zinsformel auf

   $Z = \dfrac{K \cdot p \cdot t}{100 \cdot 360}$

   $Z = \dfrac{92.344 \cdot 14 \cdot 50}{100 \cdot 360}$

   $Z = 1.795{,}58\ €$

   Den Zinskosten von 1.795,58 € steht eine Einsparung durch den Skonto von 2.856 € gegenüber.

4. a) Es handelt sich um einen einfachen Eigentumsvorbehalt (vgl. § 455 BGB), der durch die Klausel „Die Ware bleibt bis zur vollständigen Bezahlung Eigentum des Lieferanten" zum

Ausdruck gebracht wird. Der Käufer bleibt daher solange nur Besitzer, wie er die Ware nicht vollständig bezahlt hat. Erst mit diesem Zeitpunkt geht das Eigentum auf den Käufer über. Bezahlt der Käufer nicht, hat der Verkäufer das Recht vom Kaufvertrag zurückzutreten und die Rückgabe der Ware zu verlangen.

b) Der einfache Eigentumsvorbehalt erlischt, wenn die Ware wie in diesem Fall weiterverkauft wurde.

c) Der einfache Eigentumsvorbehalt erlischt, wenn die Ware wie in diesem Fall in einem Bauwerk verarbeitet wurde.

5. Durch eine Bürgschaft verpflichtet sich der Bürge *(der Rentner Großkopf)* gegenüber dem Kreditgeber *(Maier)* grundsätzlich, für die Verbindlichkeiten des Kreditnehmers *(Flach)* einzustehen (§ 765 BGB).

Für die Bürgschaft ist grundsätzlich die Schriftform vorgeschrieben (§ 766 BGB). Diese Formvorschrift gilt nur dann nicht, wenn die Bürgschaft aufseiten des Bürgen ein Handelsgeschäft und der Bürge Kaufmann ist *(§ 350 HGB)*. Rentner Großkopf ist kein Kaufmann, der Bürgschaftsvertrag ist daher aufgrund eines Formmangels nichtig.

(Anmerkung: Erfüllt der Bürge die Hauptverbindlichkeit trotzdem, wird der Formmangel geheilt; vgl. § 777 Satz 2 BGB).

6.

Jahr	Darlehenssumme am Jahresanfang (in €)	Zinsen 9 % (in €)	Tilgung (30.000,– €) (in €)	Annuität (Zinsen + Tilgung) in €)	Darlehenssumme am Jahresende (in €)
1	150.000,–	13.500,–	30.000,–	43.500,–	120.000,–
2	120.000,–	10.800,–	30.000,–	40.800,–	90.000,–
3	90.000,–	8.100,–	30.000,–	38.100,–	60.000,–
4	60.000,–	5.400,–	30.000,–	35.400,–	30.000,–
5	30.000,–	2.700,–	30.000,–	32.700,–	0,–

7.

Jahr	Darlehenssumme am Jahresanfang (in €)	Zinsen 8 % (in €)	Tilgung (in €)	Annuität 10 %	Darlehenssumme am Jahresende (in €)
1	250.000,00	20.000,00	5.000,00	25.000,–	245.000,00
2	245.000,00	19.600,00	5.400,00	25.000,–	239.600,00
3	239.600,00	19.168,00	5.832,00	25.000,–	233.768,00
4	233.768,00	18.701,44	6.298,56	25.000,–	227.469,44
5	227.469,44	18.197,56	6.802,44	25.000,–	220.667,00

8. a) Im Bereich der Innenfinanzierung kommt die Einbehaltung von Gewinnen *(offene Selbstfinanzierung)*, die Auflösung stiller Reserven *(stille Selbstfinanzierung)* oder die Erhöhung der Einlagen der Gesellschafter *(Beteiligungsfinanzierung)* in Betracht.

Bei der *Außenfinanzierung* bieten sich ein Hypothekendarlehen bzw. ein durch Grundschuld abgesichertes Darlehen an. (Die Aufnahme eines neuen Gesellschafters ist nur eine theoretische Möglichkeit).

9. Investition und Finanzierung

b) Es fällt kein ausgabenwirksamer Zinsaufwand an.

c) Gewinnthesaurierung, ggf. über mehrere Jahre; Auflösung stiller Reserven (vgl. a).

9. a) 2
   b) 6
   c) 5
   d) 4
   e) 1
   f) 6

10. a) 9
    b) 8
    c) 1
    d) 7
    e) 9
    f) 7
    g) 6

11. a)

12. b), d), c), a)

13. c)

14. b)

15. a), b)

16. d)

10. Wirtschaftsordnung

Aufgaben, Lehrbuch Seiten 453 – 454

1. Wenn die am Wirtschaftsleben teilnehmenden Wirtschaftssubjekte (Anbieter und Nachfrager, Unternehmen und Haushalte) nach dem ökonomischen Prinzip handeln und sich der Staat neutral verhält, regelt der Markt den Wirtschaftsablauf so, dass den Interessen aller Beteiligten gedient wird.

2. Der Staat soll sich aus dem Wirtschaftsablauf heraushalten und lediglich dafür sorgen, dass der freie Wettbewerb gesichert und die Versorgung mit öffentlichen Gütern gewährleistet ist. Er wacht über den freien Markt, daher der von Ferdinand Lassalle geprägte Begriff „Nachtwächterstaat".

3. Die Wirtschaftsordnung in den USA ist teilweise liberaler, aber verfügt über eine wesentlich geringere soziale Abfederung als die in Deutschland. Die freiere Wirtschaftsordnung mit weniger bürokratischen Vorschriften oder institutionellen Hindernissen ermöglicht einen schnelleren wirtschaftlichen Aufstieg und ein weniger gebremstes Gewinnstreben. Durch die schlechtere soziale Absicherung besteht aber auch eine größere Gefahr für wirtschaftlichen und sozialen Abstieg.

4. Der Ausgleich zwischen den Zielen von Anbietern und Nachfragern erfolgt in der freien Marktwirtschaft über den Preis.

5. a) Unter der „sozialen Frage" versteht man die fehlende soziale Absicherung der Arbeiter bei Krankheit, Arbeitslosigkeit und Alter und die teilweise Verarmung bestimmter Bevölkerungsschichten.

   b) Eine völlig freie Marktwirtschaft kann dazu führen, dass sich nur die wirtschaftlich starken und großen Unternehmen am Markt durchsetzen und es zu Konzentrationen, Kartellen und Monopolen kommt. Es besteht auch die Gefahr, dass die Vermögensverteilung sich zu Gunsten der ohnehin schon wirtschaftlich Starken weiter verschiebt.

6. Die soziale Marktwirtschaft betrachtet den Menschen sowohl als Individuum als auch als Kollektivwesen. Jeder Einzelne braucht daher individuelle Freiheit um wirtschaftlich handeln zu können. Damit dient er nach liberaler Auffassung auch dem Allgemeinwohl. Um die wirtschaftlich Schwächeren zu schützen und grenzenlosen Individualismus zum Nachteil der Allgemeinheit einzuschränken, muss der Staat aber regulierend eingreifen.

7. Verbraucherschutzgesetze schützen den Verbraucher, schränken aber die Vertragsfreiheit zwischen Anbieter und Nachfrager ein.

   Tarifverträge legen Mindestlöhne und Arbeitsbedingungen fest, schränken aber die Vertragsfreiheit der einzelnen Arbeitgeber und Arbeitnehmer ein.

8. Das Grundgesetz garantiert zwar in Artikel 14 Absatz 1 das Privateigentum, lässt aber auch Einschränkungen zu. In Artikel 14 Abs. 2 finden wir die Sozialbindung des Eigentums. Es heißt dort „Eigentum verpflichtet. Sein Gebrauch soll zugleich dem Wohle der Allgemeinheit dienen."

   In den Fällen, in denen das Allgemeinwohl gegenüber dem individuellen Eigentumsrecht als das höhere Rechtsgut angesehen wird, ist nach Artikel 15 eine Enteignung gegen Entschädigungen möglich.

9. Durch das Gesetz gegen Wettbewerbsbeschränkungen (GWB) sind Preisabsprachen oder Kartelle verboten.

   Das Bundeskartellamt wacht darüber, dass durch Unternehmenszusammenschlüsse keine marktbeherrschenden Unternehmen entstehen (Fusionskontrolle).

10. Da in der geschilderten Situation ein Überangebot an Arbeitsleistung durch die Arbeitnehmer herrscht, würde bei einem völlig freien Spiel der Marktkräfte der Preis für die Arbeitsleistung (Löhne und Gehälter) so lange sinken, bis sich Angebot und Nachfrage wieder im Gleichgewicht befinden.

11. Grundzüge der Wirtschaftspolitik

Aufgaben, Lehrbuch Seiten 536–541

1. Richtige Antworten: b), c)
   Falsche Antworten: a), d), e).

2. a) Bundesregierung und EZB werden versuchen die hohe Arbeitslosigkeit zu bekämpfen und für mehr Wirtschaftswachstum sorgen. Das Ziel Preisniveaustabilität hingegen ist weitgehend erreicht.

   b) Bundesregierung: z. B. Schaffung von Investitionsanreizen durch Steuersenkung, zusätzliche Staatsaufträge, deficit spending. EZB: Investitionsanreize durch Zinssenkung.

3. a) 113,2 – 112,8 = 0,4 $\quad \frac{0,4 \cdot 100}{112,8} = 0,35\,\%$

   Die Preissteigerungsrate beträgt 0,35 %. Das Ziel der Preisniveaustabilität ist daher erreicht.

   b) Arbeitslosenquote = $\frac{\text{registrierte Arbeitslose}}{\text{Erwerbstätige}} \cdot 100$

   $= \frac{4.612.000}{38.640.000} \cdot 100$

   $= 11,9\,\%$

   Vom Ziel der Vollbeschäftigung ist die Wirtschaft weit entfernt.

   c) 3.022 Mrd. € – 2.985 Mrd. € = 37 Mrd. €

   $\frac{37 \text{ Mrd. €} \cdot 100}{2.985} = 1,24\,\%$

   Geht man als Ziel von einem stetigen und angemessenen Wachstum von 2 bis 3 % Wachstum aus, ist dieses Ziel mit 1,24 % nicht erreicht.

4. Die Karikatur bezieht sich auf den Zielkonflikt zwischen der Bekämpfung der Rezession durch Förderung von Beschäftigung und Wachstum der Preisniveaustabilität.

5. a) + b)

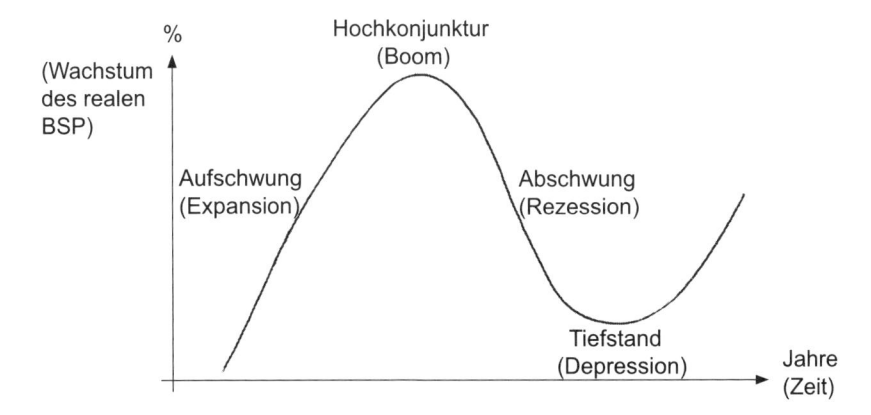

c) **Aufschwung:** Produktion und Umsätze steigen an, die Investitionen nehmen zu, die Aktienkurse steigen, das Preisniveau ist relativ konstant bzw. steigt nur langsam, die Arbeitslosigkeit geht zurück.

Boom: Hohe Kapazitätsauslastung und Umsätze, kräftig steigende Preise und Löhne, hohes Zinsniveau, Voll- bzw. Überbeschäftigung, Flucht in die Sachwerte.

Rezession: Produktion und Umsätze gehen zurück, steigende Arbeitslosigkeit, fallende Zinsen und Aktienkurse, rückläufige Lohnentwicklung.

Depression: Tiefstand der Produktion, der Umsätze und Preise, viele Konkurse, hohe Arbeitslosigkeit, pessimistische Stimmung der Wirtschaftssubjekte.

6. a) 2 d) 2
   b) 4 e) 3
   c) 1

7. a) 1 d) 2
   b) 4 e) 3
   c) 3

8. Richtige Antworten: d), e)

9. Richtige Antworten: a), c)

10. a) 2 d) 2
    b) 2 e) 3
    c) 1 f) 3

11. a) 2 d) 1
    b) 1 e) 1
    c) 3 f) 2

12. a) Beschlussorgan der EZB ist der EZB-Rat.

    b) Der EZB-Rat setzt sich aus dem EZB-Präsidenten, dem Vizepräsidenten, den elf Präsidenten der nationalen Notenbanken und den Mitgliedern des Direktoriums zusammen.

    c) Die Beschlüsse des EZB-Rates werden durch das Direktorium durchgeführt.

    d) Durch den Beschluss Wertpapiere von den Geschäftsbanken zu kaufen, gelangt mehr Geld in das Bankensystem. Es handelt sich deshalb um eine expansive Maßnahme.

    e) Durch die erhöhte Liquidität steigen die Kreditvergabemöglichkeiten der Geschäftsbanken an. Nach marktwirtschaftlichen Gesetzen führt ein erweitertes Angebot zu sinkenden Preisen, in diesem Fall zu sinkenden Kreditzinsen der Geschäftsbanken.

    f) Die sinkenden Zinsen sollen die Unternehmen dazu bringen, mehr Kredite in Anspruch zu nehmen und zu investieren. Dadurch steigt die gesamtwirtschaftliche Nachfrage und die Arbeitslosigkeit wird bekämpft.

    g) Mit Senkung der Mindestreservesätze kann die EZB ebenfalls die Liquidität der Geschäftsbanken erhöhen. Die gleiche Wirkung erzielt man durch die Senkung der Zinssätze für Wertpapierpensionsgeschäfte.

11. Grundzüge der Wirtschaftspolitik

13. a) Der EZB-Rat.

b) Die Erhöhung der Leitzinsen.

c) Durch Erhöhung der Zinsen wird die Refinanzierung der Kreditinstitute teurer. Geben die Kreditinstitute diese Verteuerung an ihre Kunden weiter, wird sich das Zinsniveau allgemein erhöhen. Dies soll die Kreditnachfrage dämpfen und zu einer Begrenzung der Geldmenge führen. Mit dieser Maßnahme will die EZB die Inflation bekämpfen.

14. a) Durch eine allgemeine Zinserhöhung werden Kredite teurer. Es besteht die Gefahr, dass die Unternehmen daher kreditfinanzierte Investitionen zurückstellen oder geplante Investitionsvorhaben aus wirtschaftlichen Gründen ganz streichen. Dies hat negative Folgen für die Beschäftigung und die Arbeitsplätze.

b) Da die EZB unabhängig ist, kann die Bundesregierung deren Beschlüsse nicht rückgängig machen.

15. a) Einlage 150.000,– €
    – Kassenreserve (20 %) 30.000,– €
    – Mindestreserve (15 %) 22.500,– €
    = frei zur Kreditvergabe 97.500,– €

b) Einlage 150.000,– €
    – Kassenreserve (20 %) 30.000,– €
    – Mindestreserve (18 %) 27.000,– €
    = frei zur Kreditvergabe 93.000,– €

c) Einlage 150.000,– €
    – Kassenreserve (20 %) 30.000,– €
    – Mindestreserve (12,5 %) 18.750,– €
    = frei zur Kreditvergabe 101.250,– €

16. Durch den Verkauf von Wertpapieren durch die Europäische Zentralbank im Rahmen der Offenmarktpolitik an die Kreditinstitute entzieht die Zentralbank den Kreditinstituten Liquidität. Dadurch wird das Kreditangebot der Geschäftsbanken eingeschränkt und die Zinsen steigen. Die Nachfrage wird gedämpft und die Inflation bekämpft.

Bei der Fazilitätenpolitik ermöglicht die EZB den Geschäftsbanken die Beschaffung von Liquidität. Steigen die Zinsen für diese Kredite, wird die Refinanzierung der Geschäftsbanken teurer und das Zinsniveau steigt allgemein an. Dadurch wird die Kreditnachfrage sinken und die Inflation gedämpft.

17. Durch eine *restriktive Geldpolitik* kann die EZB direkt Einfluss auf die Liquidität der Geschäftsbanken nehmen und z. B. durch die Erhöhung der Mindestreserven den Kreditvergabespielraum der Banken einschränken.

Im Rahmen einer *expansiven Geldpolitik* kann die EZB dem Bankensystem zwar mehr und günstigere Liquidität zur Verfügung stellen, es ist jedoch nicht gewährleistet, dass die Unternehmen dieses Angebot auch zur Finanzierung zusätzlicher Investitionen nutzen. Sie entscheiden über Investitionen nicht nur auf Basis der Zinsen, sondern aufgrund ihrer wirtschaftlichen Erwartungen.

Dies kann auch dazu führen, dass eine restriktive Geldpolitik nicht ihre gewünschte Wirkung erzielt, da die Unternehmen in Boomzeiten positive Gewinnerwartungen haben und trotz hoher Zinsen verstärkt Kredite nachfragen.

18. a) Die Begriffe Zahlungsbilanzüberschuss oder Zahlungsbilanzdefizit werden zwar in den Medien teilweise verwendet, sie sind aber irreführend. Die Zahlungsbilanz ist rechnerisch immer ausgeglichen. Unausgeglichen können immer nur einzelne Teilbilanzen der Zahlungsbilanz, z. B. die Handelsbilanz, die Dienstleistungsbilanz oder die Übertragungsbilanz sein.

    Von einer passiven Handelsbilanz spricht man dann, wenn der Wert der Importe nach Deutschland den Wert der Exporte ins Ausland übersteigt. Die Dienstleistungsbilanz ist passiv, wenn der Wert der Dienstleistungsimporte größer ist als der Wert der Dienstleistungsexporte.

    b) Durch eine permanente passive Handels- und Dienstleistungsbilanz entsteht auf Dauer Devisenknappheit, die zu internationalen Liquiditätsproblemen und eventuell zu Knappheit von Importgütern führen kann.

    c) Z. B. mangelnde Konkurrenzfähigkeit auf dem Weltmarkt bedingt durch Wechselkurs; zu hoher Energieverbrauch.

    d) Förderung von Exporten und/oder Drosselung der Importe.

12. Steuern und Versicherungen

Aufgaben, Lehrbuch Seiten 593–596

1. a)

Einkünfte	Einkunftsart gemäß § 2 EStG
a) Einkünfte einer Heilpraktikerin	a) Einkünfte aus selbstständiger Arbeit
b) Einkünfte aus Vermietung eines Schiffes	b) Einkünfte aus Vermietung und Verpachtung
c) Einkünfte aus Spekulationsgeschäften	c) Sonstige Einkünfte
d) Dividenden aus Aktien	d) Einkünfte aus Kapitalvermögen

2.

	I. Werbungskosten	II. Sonderausgaben	III. Außergewöhnliche Belastungen
a) Beiträge zur Gewerkschaft	X		
b) Aufwendungen für ein Fachbuch	X		
c) Kirchensteuer		X	
d) Kinderbetreuungskosten			X
e) Steuerberatungskosten eines Unternehmers		X	
f) Beiträge zu einer Bausparkasse	—	—	—

3. a) 19 % USt
   b) 7 % USt
   c) 7 % USt
   d) 19 % USt

4. a) **Krankenversicherung**

   100 % ⟶ 2.500,– €
   15,3 %   X,– €

   $$X = \frac{2.500 \cdot 15,3}{100} = \underline{\underline{382,50 \text{ €}}}$$

   b) **Pflegeversicherung**

   100 % ⟶ 2.500,– €
   1,7 %   X,– €

   $$X = \frac{2.500 \cdot 1,7}{100} = \underline{\underline{42,50 \text{ €}}}$$

c) **Rentenversicherung**

$$\begin{aligned} 100\ \% &\longrightarrow 2.500,-\ \euro \\ 19,9\ \% &\longrightarrow X,-\ \euro \end{aligned}$$

$$X = \frac{2.500 \cdot 19,9}{100} = \underline{497,50\ \euro}$$

d) **Arbeitslosenversicherung**

$$\begin{aligned} 100\ \% &\longrightarrow 2.500,-\ \euro \\ 4,2\ \% &\longrightarrow X,-\ \euro \end{aligned}$$

$$X = \frac{2.500 \cdot 4,2}{100} = \underline{105,00\ \euro}$$

Von den Sozialversicherungsbeiträgen hat Johanna die Hälfte (sog. Arbeitnehmeranteil) zu tragen. Dies sind insgesamt:

KV	382,50 €
PflV	42,50 €
RV	497,50 €
ALV	105,00 €
1.027,50 € : 2 =	513,75 €

Sie muss allerdings zusätzlich noch einen Beitrag in Höhe von 0,9 Prozent in die gesetzliche Krankenversicherung zahlen (siehe Lösung „n").

b) Johanna ist ledig. Deshalb ist sie in Lohnsteuerklasse I eingereiht. Ihr steuerpflichtiger Arbeitslohn beträgt 2.500,- €. In der Monatslohnsteuer-Tabelle ist der Lohnsteuerbetrag bis die dem „Arbeitslohn bis 2.500,- €" zugeordnete Lohnsteuer in Höhe von 405,50 € zu wählen.

c) Johanna hat bei einem Kirchensteuersatz von 9 % einen Betrag von 36,49 € zu zahlen.

d) Die Bezugsgröße für die Berechnung der Kirchensteuer ist die Lohnsteuer, d. h. die Berechnung lautet: 9 % von der Lohnsteuer.

e) Der Solidaritätszuschlag beträgt 5,5 % von der Lohnsteuer.

f) Solidaritätszuschlag: 5,5 % von 405,50 € = 22,30 €

g) Der Solidaritätszuschlag ist einzutragen:
   – im Lohnkonto
   – in der Lohnsteuer-Anmeldung
   – in der Lohnsteuerkarte.

h) Wenn Johanna alleinerziehende Mutter eines Kindes wäre, so wäre sie in die Lohnsteuerklasse II einzureihen.

i) Wenn die Ehepartner ein Gehalt in gleicher Höhe für die Arbeitsleistung bei ihrem Arbeitgeber erhalten, so werden beide Personen sinnvollerweise in die Lohnsteuerklasse IV eingereiht.

j) Wenn ein Ehepartner ein erheblich höheres Gehalt als der andere bezieht, so ist der Besserverdienende sinnvollerweise in die Lohnsteuerklasse III und der mit dem niedrigeren Gehalt in die Lohnsteuerklasse V einzureihen.

12. Steuern und Versicherungen

k) Wenn Johanna ihrem Arbeitgeber die Lohnsteuerkarte nicht vorlegt, so wird sie in die Lohnsteuerklasse VI eingereiht.

l) Johannas Arbeitgeber hat die Summe der einbehaltenen Lohnsteuer und den einbehaltenen Solidaritätszuschlag dem Betriebsstättenfinanzamt auf dem dort erhältlichen amtlichen Vordruck Lohnsteuer-Anmeldung anzumelden und an dessen Kasse abzuführen.

m) Die Lohnsteuer und der Solidaritätszuschlag sind spätestens am 10. Tag nach Ablauf eines jeden Lohnsteuer-Anmeldezeitraums an das für die Betriebsstätte zuständige Finanzamt abzuführen.

n) **Bruttogehalt** 2.500,00 €
  – Lohnsteuer 405,50 €
  – Solidaritätszuschlag 22,30 €
  – Kirchensteuer 36,49 €
  – Sozialversicherungsbeiträge 513,75 €
  – 0,9 % vom Bruttogehalt Krankenversicherungsbeitrag (zahlen nur die Arbeitnehmer) 22,50 €
  Nettogehalt 1.499,46 €

Gehaltsabrechnung für Mai 20..								
Mitarbeiter/in: Johanna Ziegler						Abteilung: Verkauf		
Steuerklasse: I				Konfession: rk		Beschäftigt seit: August 20..		
Brutto-gehalt	Vermögenswirksame Leistungen des Arbeitgebers	Gesamt-brutto	Lohn-steuer	Solidaritätszuschlag	Kirchensteuer	Sozialvers.-anteil des Arbeitgebers + 0,9 % nur Arbeitnehmer	Netto-gehalt	Überweisung
2.500 €	—	2.500 €	405,50 €	22,30 €	36,49 €	513,75 € + 22,50 € =536,25 €	1.499,46 €	1.499,46 €

5. a) Bruttoarbeitslohn im Veranlagungsjahr: 2.700 x 13 = **35.100 €**

  b) Kirchensteuer (9 % von 462,41 €) im Veranlagungsjahr: 41,62 x 13 = **541,01 €**

  c) Solidaritätszuschlag (5,5 % von 462,41 €)im Veranlagungsjahr : 25,43 x 13 = **330,62 €**

  d) Lohnsteuer im Veranlagungsjahr: 462,41 x 13 = **6.011,33 €**

  e) Berechnung des zu versteuernden Einkommens:

Bruttoarbeitslohn	35.100,00 €
– Werbungskosten	2.100,00 €
– Sonderausgaben (Kirchensteuer + Spenden)	691,01 €
– beschränkt abziehbare Sonderausgaben (Sozialversicherungsbeiträge + Haftpflichtvers.)	7.844,65 €
– außergewöhnliche Belastungen	0,00 €
Zu versteuerndes Einkommen	**24.464,34 €**

f) Nach der Einkommensteuer-Grundtabelle, die für u. a. Ledige gilt hätte Herr Schwarz bei einem zu versteuernden Einkommen von 24.464,34 € Einkommensteuer in Höhe von 4.106 € zu zahlen gehabt.

Berechnung der Einkommensteuer

Tatsächlich hat er aber während des Veranlagungsjahres 6.011,33 € gezahlt. Er wird deshalb vom Finanzamt einen zu viel gezahlten **Einkommensteuerbetrag** zurückerhalten.

$$\begin{aligned} &6.011,33 \text{ €} \\ &-4.106,00 \text{ €} \\ \hline &= \mathbf{1.905,33 \text{ €}} \end{aligned}$$

Berechnung der Kirchensteuer

Festgesetzte Einkommensteuer	4.106,00 €
9 % Kirchensteuer von 4.106 € =	369,54 €

Herr Schwarz erhält zu viel gezahlte Kirchensteuer zurück

$$\begin{aligned} &541,01 \text{ €} \\ &-369,54 \text{ €} \\ \hline &= \mathbf{171,47 \text{ €}} \end{aligned}$$

Berechnung des Solidaritätszuschlags

Festgesetzte Einkommensteuer	4.106,00 €
davon 5,5 % Solidaritätszuschlag =	225,83 €

Herr Schwarz erhält zu viel gezahlten Solidaritätszuschlag zurück:

$$\begin{aligned} &330,62 \text{ €} \\ &-225,83 \text{ €} \\ \hline &= \mathbf{104,79 \text{ €}} \end{aligned}$$

Herr Schwarz wird vom Finanzamt insgesamt ein **Restguthaben** erhalten:

Einkommensteuer	1.905,33 €
Kirchensteuer	171,47 €
Solidaritätszuschlag	104,79 €
Rückzahlung	**2.181,59 €**

g) Wäre Herr Schwarz verheiratet gewesen, so hätte man in der **Einkommensteuer-Splittingtabelle** nachschlagen müssen

Das richtige Mittel gegen Prüfungsstress!

Die Prüfung der Bürokaufleute

Von Diplom-Handelslehrer Studiendirektor Werner Hau
7. Auflage. 2007. 520 Seiten. € 26,-
ISBN 978-3-470-45527-9

Dieses Prüfungsbuch wurde auf der Grundlage der aktuellen Ausbildungsordnung für Bürokaufleute konzipiert und gliedert sich in die schriftlichen Prüfungsfächer „Bürowirtschaft", „Rechnungswesen" und „Wirtschafts- und Sozialkunde" sowie in die praktischen Prüfungsbereiche „Informationsverarbeitung" und „Auftragsbearbeitung und Büroorganisation". Es enthält den kompletten Stoff der dreijährigen Ausbildung in Form von Fragen, Aufgaben und Fällen. Die Gliederung des Lernstoffs ermöglicht es den Lesern, das Werk vom ersten Tag der Ausbildung bis zur Abschlussprüfung ausbildungsbegleitend zu verwenden.

Das Buch ist kein Lehrbuch, sondern ein Arbeits-, Lern- und Übungsbuch, das die teilweise komplizierten Lerninhalte ausbildungsgerecht aufbereitet. Die Leser können einzelne Themenbereiche selbstständig wiederholen, Wissenslücken schließen und sich gezielt auf Klassenarbeiten, die Zwischenprüfung oder die Abschlussprüfung vorbereiten. Mithilfe des ausführlichen Lösungsteils können sie jederzeit ihre Kenntnisse überprüfen und den Lernfortschritt messen. Eine Musterprüfung am Ende des Buches ermöglicht das Üben unter „echten" Prüfungsbedingungen.

Die 7. Auflage berücksichtigt zahlreiche rechtliche Änderungen, insbesondere im Bereich des Arbeits-, Steuer- und Sozialversicherungsrechts. Außerdem kamen viele handlungsorientierte Aufgaben hinzu.

Leseproben finden Sie im Internet!

Kiehl Kiehl Verlag · 67021 Ludwigshafen · www.kiehl.de

Bestellen Sie bitte per Telefon: 06 21 / 6 35 02-0, per Fax: 06 21 / 6 35 02 22, per E-Mail: bestellung@kiehl.de oder bei Ihrer Buchhandlung!

Unsere Preise verstehen sich inkl. MwSt. Bei Bestellungen über den Verlag betragen die Versandkosten bis zu einem Warenwert von € 30,- pauschal € 2,-, darüber hinaus € 4,50. Bei Bestellungen über das Internet sind alle Lieferungen ab einem Warenwert von € 20,- versandkostenfrei.

Fehlt auf Ihrem Schreibtisch nicht was?!

„Die Büroberufe" – die Zeitschrift für Ihre qualifizierte Ausbildung!

Fit für Prüfung und Job:
„Die Büroberufe" vermittelt Ihnen nicht nur genau das **Wissen**, das Sie in Ihrer täglichen Arbeit brauchen. Sie unterstützt auch systematisch Ihre Prüfungsvorbereitungen – für´s regelmäßige Training stehen zahlreiche **Übungsaufgaben, Wiederholungsfragen und Praxisfälle mit Lösungen** zur Verfügung.

Das sind die Themen:

- Allgemeine Betriebswirtschaftslehre
- Spezielle Betriebswirtschaftslehre
- Rechnungswesen
- Bürokommunikation
- Büroorganisation
- EDV und Internet
- Recht
- Ausbildung und Beruf
- Prüfungstraining
- Von A bis Z
- Das aktuelle Stichwort
- Terminkalender mit Fortbildungsterminen
- Büroberufe aktuell
- Bücherecke
- Neue Software

Jetzt kostenlos testen! Fordern Sie ein Probeheft an:
per Telefon: 06 21 / 635 02-0, per Fax: 06 21 / 635 02-22,
per E-Mail: bestellung@kiehl.de oder in Ihrer Buchhandlung!

Kiehl Kiehl Verlag . 67021 Ludwigshafen · www.kiehl.de